Das moderne Enneagramm – Menschen lesen wie ein Buch

So entschlüsselst du deine eigene Persönlichkeit und die deiner Mitmenschen | Das Grundwerkzeug emotionaler Intelligenz

DIANA FREITAG

© **Copyright 2021 - Alle Rechte vorbehalten.**

Rechtliche Hinweise:

Dieses Buch ist urheberrechtlich geschützt und nur für den persönlichen Gebrauch bestimmt. Ohne die Zustimmung des Herausgebers darf der Leser keinen Inhalt dieses Buches ändern, verbreiten, verkaufen, verwenden, zitieren oder umschreiben.

Haftungsausschluss:

Die in diesem Dokument enthaltenen Informationen dienen nur zu Bildungs- und Unterhaltungszwecken. Es wurden alle Anstrengungen unternommen, um genaue, aktuelle, zuverlässige und vollständige Informationen zu liefern. Die Leser erkennen an, dass keine rechtlichen, finanziellen, medizinischen oder professionellen Ratschläge erteilt werden. Durch das Lesen dieses Dokumentes stimmt der Leser zu, dass der Herausgeber unter keinen Umständen für direkte oder indirekte Verluste verantwortlich ist, die durch die Verwendung der in diesem Dokument enthaltenen Informationen entstehen, einschließlich, aber nicht beschränkt auf Fehler, Auslassungen oder Ungenauigkeiten.

Inhaltsverzeichnis

Einleitung 1

Was ist ein Enneagramm? 3

Die Geschichte des Enneagramms 5

Struktur des Enneagramms 9

Anwendungsgebiete des Enneagramms im eigenen Leben 13

Die neun Persönlichkeitstypen 17
    Enneagrammtyp 1 – der Reformer 35
    Enneagrammtyp 2 – der Helfer 48
    Enneagrammtyp 3 – der Leistungsmensch 61
    Enneagrammtyp 4 – der Individualist 74
    Enneagrammtyp 5 – der Forscher 87
    Enneagrammtyp 6 – der Loyale 99
    Enneagrammtyp 7 – der Enthusiast 110
    Enneagrammtyp 8 – der Herausfordernde 120
    Enneagrammtyp 9 – der Friedliebende 129

Emotionale Intelligenz – Ausbildung der
Empathiefähigkeit mithilfe des Enneagramms 141

Das Enneagramm zur Unterstützung im
Umgang mit anderen 145

Welcher Persönlichkeitstyp bist du? 151

Schlusswort 155

Quellen und weiterführende Literatur 157

Einleitung

Der Mensch ist ein Individuum, das sich nicht nur äußerlich von anderen unterscheiden kann, sondern auch charakterlich. Im Umgang mit anderen merken wir in sozialen Situationen relativ schnell, dass nicht alle so „ticken" wie wir selbst. Weil Menschen aber soziale Wesen sind, ist es schon immer ein Bedürfnis gewesen, die verschiedenen Persönlichkeiten und Charakterzüge zu ergründen, verstehen zu lernen, um in einer Gemeinschaft agieren und seinen Platz finden zu können.

Diese jahrtausendealte Neugierde, Menschen und ihr Verhalten zu erforschen, führte u. a. zur Entstehung des Enneagramms, das die verschiedenen Aspekte der menschlichen Persönlichkeit strukturiert und kategorisiert. Diese Typenlehre möchte dabei helfen, sich selbst und andere besser einschätzen und verstehen zu können. Jenes Wissen kann einen wichtigen Beitrag leisten, um Beziehungen aller Art auf eine qualitativ höhere Stufe zu heben. Denn Empathie ist vor allem dann möglich, wenn man sich in die innere Welt des anderen einfühlen kann. Das kann mitunter sehr schwierig sein, wenn man z. B. Umstände, Vorgeschichten und die entsprechende Persönlichkeit des Gegenübers nicht kennt.

Dieses Buch möchte dir verständlich machen, was ein Enneagramm eigentlich ist, wie es entstand, wie sich die unterschiedlichen Persönlichkeitstypen darstellen und wie du das Wissen um diese Persönlichkeitsstrukturen für dich und dein Leben gewinnbringend nutzen kannst. Auch kann die Arbeit mit dem Enneagramm dir dabei helfen, dein eigenes Selbstbild klarer zu sehen und deine Vorzüge und Stärken noch mehr herauszuarbeiten, dich zu deinem authentischen Selbst zu entwickeln.

Da du dich in verschiedenen Kontexten und sozialen Strukturen bewegst, ist die Erkenntnis über die möglichen Persönlichkeitstypen des Menschen und auch der Kompatibilität untereinander ein Schlüssel für dich, um gelassener, souveräner und empathischer in verschiedenen Situationen reagieren zu können. Finde mithilfe der Botschaften des Enneagramms heraus, wer du wirklich bist, wie deine Persönlichkeit und die der anderen Menschen optimal miteinander interagieren können und entwickle dadurch deine emotionale Intelligenz.

Was ist ein Enneagramm?

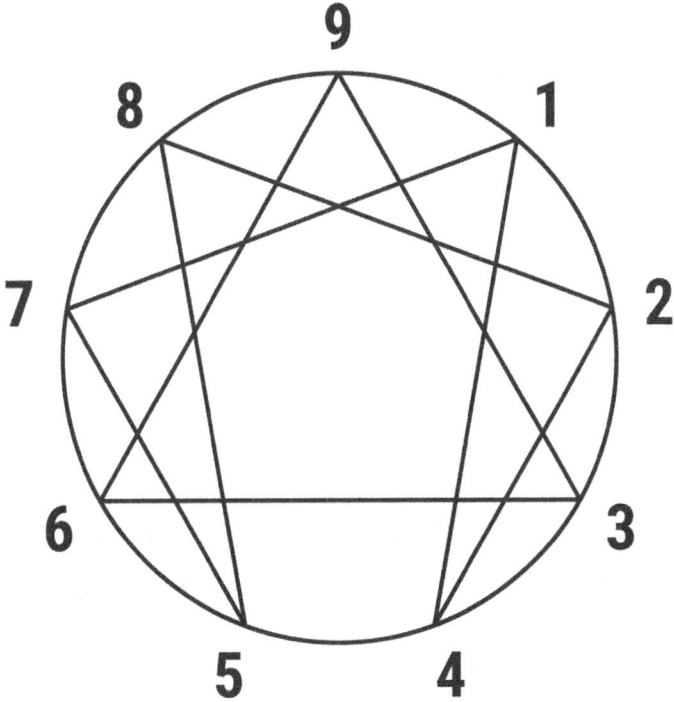

Das Enneagramm zeigt sich symbolisch als neunspitziges Strukturmodell, in dem die verschiedenen grundlegenden Persönlichkeiten der Menschen aufgezeigt und miteinander in Beziehung gesetzt werden. Es handelt sich dabei um eine psychologisch-spirituelle Persönlichkeitstypisierung, die in einem Symbol dargestellt wird. Das Enneagramm zeigt sich als ein Kreis, in dem sich eine neuneckige Figur befindet, die aus gleichseitigen Dreiecken und einer sechseckigen Form besteht.

Zur zusätzlichen Visualisierung der neun Persönlichkeitstypen sind die Ecken im Uhrzeigersinn nummeriert. Der äußere Kreis möchte hierbei die Vollkommenheit, die allumfassende göttliche Natur des Menschen und die Verbindung aller darstellen. Das Dreieck symbolisiert die Dreifaltigkeit, die vielen weltlichen Konstrukten zugrunde liegt wie positiv/negativ/neutral oder erschaffen/vernichten/verbinden. Das Sechseck fügt sich als Repräsentant des Abstrakten mit ein, z. B. abstraktes Denken, Verwirklichung einer abstrakten Idee, Chaos.

Eingeführt wurde das Symbol des Enneagramms von Georges Iwanowitsch Gurdjieff, griechisch-armenischer Esoteriker und Schriftsteller, der vor allem in Russland und Frankreich wirkte. Er nutzte das Symbol, das er aus dem Sufismus, einer islamischen Tradition, ableitete, um die erforschten neun Persönlichkeitsmerkmale visuell darstellen zu können.

Das Enneagramm erhielt seinen Namen aus dem Griechischen „ennea", was „neun" bedeutet. In diesem neungeteilten System werden Persönlichkeiten typisiert, wie sie in der Gesellschaft vorkommen können. Dabei sind diese Persönlichkeitstypen nicht isoliert zu verstehen, sondern beinhalten durchaus auch Aspekte der anderen Typen. Man geht aber davon aus, dass jeder Mensch sozusagen einen „Grundtyp" besitzt, der bereits im Kindesalter vorliegt.

Die Geschichte des Enneagramms

Bis heute ist nicht gänzlich nachzuvollziehen, seit wann das System des Enneagramms im psychologischen Bereich Anwendung fand und seinen Ursprung hatte. Die ersten Hinweise auf das Enneagramm lassen sich zu Beginn des 20. Jahrhunderts finden, als Georges I. Gurdjieff es in die USA und nach Frankreich brachte. Dort gründete der Esoteriker 1922 das „Institut zur harmonischen Entwicklung des Menschen", in dem eine ganzheitliche Entwicklung des Individuums angestrebt werden sollte. Er nutzte das Symbol des Enneagramms, um die menschliche Entwicklung und kosmischen Gesetze verständlich aufzeigen zu können. In seiner Arbeit beschäftigte sich Gurdjieff vor allem mit verschiedenen Übungen, die Achtsamkeit und den eigenen Willen trainieren sollten. Dafür dienten ihm Methoden der genauen Selbstbeobachtung und Selbstanalyse.

Der bolivianische Philosoph Óscar Ichazo integrierte 1971 die Vorarbeit Gurdjieffs in seine immer noch aktuelle Erarbeitung des Enneagramms der Persönlichkeitstypen. Anwendung fand das Enneagramm dabei in einem speziellen Training, das in der von ihm 1968 gegründeten „Arica School", einem speziellen Institut zur Entfaltung des menschlichen Potenzials, zur Anwendung kam. Bis heute konnte weder bestätigt noch widerlegt werden, ob Ichazo sein genutztes Enneagramm selbst entwickelte, unabhängig von den Vorlagen Gurdjieffs, sodass beide Ansätze miteinander konkurrieren.

Seither haben sich verschiedene Personen intensiver mit dem Konstrukt des Enneagramms beschäftigt und es aus unterschiedlichen Perspektiven wie der Philosophie, Theologie, Spiritualität und Psychologie beleuchtet und für ihre Zwecke angewandt und weiterentwickelt. Dies zeigt auf, dass das Prinzip des Enneagramms viel Interpretationsspielraum lässt und für jeden selbst ein wichtiger Ansatz sein kann, um eigene Erkenntnisse und daraus abgeleitete Handlungsmöglichkeiten zu erfahren. Dies ist vor allem daher angezeigt, da jede Zeit dem Menschen andere Herausforderungen und Grundlagen mitbringt, sodass das Enneagramm nicht als starres Modell zu betrachten ist, sondern seine Inhalte mit dem Leben des Menschen mitfließen sollen. Das Enneagramm ist dementsprechend nicht unfehlbar, denn jeder Mensch ist in seinem Verhalten, seiner Wahrnehmung, dem Temperament, der Motivation, den Werten und Ansichten, seiner inneren Einstellung und Kommunikationsweise sehr komplex.

In den 1990er-Jahren wurden durch Riso und Hudson mehrere Tests entwickelt, die dabei helfen sollten, den eigenen Enneagrammtyp zu ermitteln. Dafür gilt es, eine Vielzahl von Fragen zu beantworten, die eine Typisierung ermöglichen wollen. Mittlerweile existieren verschiedene Enneagrammtypentests im Internet, die dabei unterstützen möchten, den eigenen Persönlichkeitstyp herauszufinden. Das Angebot dieser Tests reicht von einfachen, kostenlosen bis hin zu sehr komplexen, aufwendigen Testungen mit mehreren hundert Fragen. Um jene Fragen beantworten zu können, braucht es einen ehrlichen Blick auf sich selbst, der oft durch die eigene Wahrnehmung verzerrt sein kann. Der jeweilige Persönlichkeitstyp kristallisiert sich jedoch am deutlichsten heraus, wenn man ein klares Bild von sich selbst hat und aufgrund von vergangenen Erfahrungen seine persönlichen Handlungsmuster erkannt hat. Bei manchen Tests werden auch die möglichen „Flügel" aufgezeigt, die noch weiter Aufschluss geben können über die

Zusammensetzung der eigenen Persönlichkeit. Auf Basis der vergangenen Forschungen zum Enneagramm wurden immer mehr und neuere Testverfahren entwickelt, die online zugänglich sind, manchmal auch gleichzeitig gekoppelt an ein Coachingangebot. Hier sollte genauer überprüft werden, ob diese Angebote seriös sind und wirklich notwendig. Denn bereits die Selbstbeobachtung und Selbsterforschung können neue Perspektiven und Wege eröffnen, um eine positive Entwicklung der eigenen Persönlichkeit und emotionalen Intelligenz zu fördern.

Struktur des Enneagramms

Im Strukturmodell sind die neun Persönlichkeitstypen im Uhrzeigersinn angeordnet. Bei vielen Autoren werden diese Typen ausschließlich mit den im Enneagramm abgebildeten Ziffern 1–9 betitelt, um sie wertfrei zu halten. In anderen Abhandlungen werden ihnen Titel gegeben, die diese Grundpersönlichkeiten grob ausdrücken sollen, z. B. „der Reformer", „der Perfektionist", „der Leistungsmensch", „der Vermittler", „der Loyale" usw. Die Bezeichnungen der einzelnen Persönlichkeiten können von Literatur zu Literatur unterschiedlich sein. Einige Charaktereigenschaften finden sich dabei in mehreren der Typen wieder und ergänzen den Grundtyp eines Menschen.

Die Basis des Enneagramms und damit der menschlichen Persönlichkeit bilden die Triaden. Dabei handelt es sich um die drei Intelligenzzentren Kopf, Herz und Bauch, die in jedem Menschen angelegt sind, um mit einer bestimmten Situation verschieden umgehen zu können. Oft ist es ein Zusammenspiel von Verstand, Emotion und Instinkt, das zu einer entsprechenden Entscheidung oder Handlung führt. Je nachdem, welche Gewichtung bei einem Menschen vorliegt, fallen diese anders aus. Das Enneagramm unterteilt Menschen daher in Bauch-, Herz- und Kopftypen, denn es geht davon aus, dass eine dieser drei Intelligenzzentren dominanter ist als die anderen. Immer drei nebeneinanderliegende Persönlichkeitstypen werden einem dieser Zentren zugeordnet:

- ▶ Instinkttriade (Bauchmensch) – Persönlichkeitstypen 1, 8, 9
- ▶ Gefühlstriade (Herzmensch) – Persönlichkeitstypen 2, 3, 4
- ▶ Denktriade (Kopfmensch) – Persönlichkeitstypen 5, 6, 7

Diese Triaden möchten im Enneagramm deutlicher darlegen, auf welchen Ebenen jener Mensch die Welt um sich herum wahrnimmt und welches Grundprinzip seinem Ego zugrunde liegt.

Interessant ist, dass die einzelnen Persönlichkeitstypen Gemeinsamkeiten mit anderen Typen aufweisen können, die im Symbol des Enneagramms direkt rechts und links neben dem Grundtyp liegen. Man bezeichnet diese auch als Flügel, die unterschiedlich stark ausgeprägt sein können.

Jede Persönlichkeit im Enneagramm hat zwei Möglichkeiten, sich zu entwickeln – in eine positive oder negative Richtung. Die positive Entwicklung wird als Integration, Reife oder Evolution bezeichnet, eine negative Entwicklung als Desintegration, Unreife oder Devolution. Wenn ein Mensch schwierigen Situationen ausgesetzt ist, erhält er die Möglichkeit, positive Qualitäten zu entwickeln oder Vermeidungsstrategien anzunehmen, die seine Entwicklung dauerhaft eher negativ beeinflussen.

Jeder Mensch entwickelt sich im Laufe seines Lebens aufgrund verschiedener Situationen und den gemachten Erfahrungen. Je nachdem, wie diese Erfahrung gewertet wird, kann eine positive oder negative Weiterentwicklung stattfinden. Wie eine Person spontan auf eine bestimmte Gegebenheit reagiert, kann, laut der Psychoanalytikerin Karen Horney, ebenfalls dem Enneagramm und seinen einzelnen Persönlichkeitstypen entnommen werden. Die drei grundlegenden Reaktionen können sein: Aggression (Typen 3, 7, 8), Gefügigkeit (Typen 1, 2, 6) oder Rückzug (Typen 4, 5, 9). Sie werden im Enneagramm als gleichschenklige Dreiecke dargestellt.

Das Enneagramm zeigt auch Polaritäten, z. B. den weiblichen und männlichen Pol. Der südamerikanische Psychiater Claudio Naranjo schrieb demnach der rechten Seite des Enneagramms, den Typen 1 bis 4, ein eher sozialisiertes, verführerisches, aber auch hysterisches Verhalten zu, was der weiblichen Energie entspricht. Die linke Seite hingegen bildet die männlichen Attribute, die Rebellion, Antisozialität und psychopathisches Verhalten, ab. Auch bringt er eine Unterscheidung in die Diskussion über die Auslegung des Enneagramms mit ein: Er geht davon aus, dass der obere und untere Teil in einer Polarität zueinander stehen. Danach beschäftigen sich die Persönlichkeiten des unteren Teils vor allem mit ihrem Nichtwissen und sind immer auf der Suche, um ihre Sensibilität und inneren Prozesse verstehen zu wollen, während die oberen Typen des Enneagramms mit mehr Zufriedenheit durchs Leben schreiten, da sie den inneren Verletzungen weniger bis keine Aufmerksamkeit schenken.

Diese Ausführungen möchten dir zeigen, dass das Enneagramm als Typenlehre vielen verschiedenen Auslegungen unterliegt, sodass in unterschiedlicher Literatur auch unterschiedliche Bezeichnungen und Schwerpunkte der Interpretation der jeweiligen Typen zu finden sein können. Doch letztendlich bleibt beim Erforschen des Enneagramms auch die Resonanz, die aus dem eigenen Inneren kommt und Frage- und Verständnisprozesse auslösen kann.

Anwendungsgebiete des Enneagramms im eigenen Leben

Wer kennt das nicht: Man selbst schätzt eine Situation z. B. als gefährlich oder stressig ein, während eine andere Person diese vielleicht eher als gewinnbringend und entwicklungsfördernd sieht und mutig an die Sache herangeht. Wir sehen die Welt eigentlich nicht so, wie sie ist, sondern so, wie wir sind. Die Wahrnehmung einzelner Menschen kann bisweilen sogar sehr stark auseinandergehen. Wird jedoch nur auf seiner eigenen Einschätzung beharrt, sind zwischenmenschliche Missverständnisse und Konfliktsituationen vorprogrammiert. Dazu kommt, dass nicht nur die eigene Persönlichkeit die Sichtweise färbt, sondern zusätzlich unterschiedliche Motivationen, Umstände und Erziehungsstile. Das Enneagramm möchte aufzeigen, welche verschiedenen Ansätze Menschen haben können, die Welt aus ihrer Position heraus zu sehen, und somit Verständnis füreinander schaffen. Dabei geht es niemals darum, einen Persönlichkeitstyp besonders hervorzuheben als das Ideal. Das System des Enneagramms will dahingehend die Typisierungen nicht werten, sondern aufzeigen, dass es nie die eine Wahrheit gibt, sondern viele verschiedene Wege zur Zielerreichung möglich sind. Dabei werden die einzelnen neun Persönlichkeiten ganzheitlich betrachtet, mit all ihrem Handeln, ihren Werten, Gefühlen und einzelnen Ansichten.

Was bringt dir die Auseinandersetzung mit den neun verschiedenen Persönlichkeitstypen des Enneagramms für dein eigenes Leben? Nachdem du erste Erkenntnisse über den Aufbau und den geschichtlichen Hintergrund des Enneagramms gewonnen hast, geht es nun darum, die einzelnen Persönlichkeiten genauer kennenzulernen und zu wissen, in welchen Strukturen man sie betrachten kann. Dies schafft eine Basis, um im Umgang miteinander und sich selbst kompetenter und mitfühlender handeln zu können. Theoretisches Wissen kann hier zunächst ein rein kognitives Verständnis der Persönlichkeiten lehren. Da Menschen aber multiintelligente Wesen sind, kann es das Ziel sein, darauf aufbauend die eigene emotionale Intelligenz zu entwickeln und zu stärken, die dir dabei helfen wird, die eigenen und fremden Gefühle und Emotionen viel besser wahrnehmen, verstehen und einordnen zu können. Wer diese Intelligenz schult, erhält die Möglichkeit, Beziehungen auf ein höheres Niveau zu heben und im zwischenmenschlichen Umgang souverän agieren zu können.

Der Begriff einer emotionalen Intelligenz ist noch ziemlich jung und wurde im Jahr 1990 durch die Arbeit des Psychologen John D. Mayer und dem Sozialpsychologen Peter Salovey begründet. Die Theorie einer emotionalen Intelligenz basiert auf der Erkenntnis, dass es viele verschiedene Intelligenzen gibt und nicht nur die rein kognitive. Im übergeordneten Rahmen der sozialen Intelligenz findet daher die emotionale Intelligenz ihren Platz. Die unterschiedlichen Intelligenzen eines Menschen konkurrieren nicht miteinander, sondern ergänzen und bereichern sich gegenseitig.

Wer emotional intelligent handelt, versteht die eigenen emotionalen Abläufe und kann diese annehmen und akzeptieren, bereits während sie stattfinden. Dadurch wird man nicht mehr zum Spielball der eigenen Emotionen, die man vielleicht sogar bekämpft oder unterdrückt, sondern kann diese bewusst steuern. Eine derartige emotionale Freiheit eröffnet viele Potenziale und setzt Energien frei für den Fokus auf die positive Entwicklung des Selbst.

Ein Mensch, der seine emotionale Intelligenz schult, baut gesunde Beziehungen auf in einer aktiven, statt passiven Art und Weise. Jeder Mensch hat die Möglichkeit, sich die Macht über seine eigenen Emotionen zurückzuholen und sie entsprechend einer Situation bewusst anzupassen, sodass eine reflektierte Reaktion möglich ist. Das bedeutet nicht, dass ein Geschehnis dadurch verharmlost wird, sondern, dass die Möglichkeit besteht, sich selbst schnell zu beruhigen, und man somit in der Lage ist, etwaige Emotionen abzumildern, gelassener zu durchleben und letztendlich wieder loszulassen.

Die Kenntnis über die verschiedenen Persönlichkeiten des Menschen, die das Enneagramm aufzeigen möchte, bringt eine verbesserte Menschenkenntnis mit sich und fördert so die Empathie. Erkennen zu können, welche die eigenen Bedürfnisse sind und was andere Menschen von uns brauchen, fußt darin, dass das Verhalten sowie verbale und nonverbale Signale richtig gedeutet werden. Dadurch wird der Mensch beeinflussbar und manipulierbar, z. B. durch Medien oder Werbung. Wer seine Emotionen kennt und steuern kann, erhält zwar die Möglichkeit, andere gezielt zu beeinflussen, kann sich aber auch selbst besser gegen äußere Konditionierungen und Manipulationen durchsetzen.

Die Arbeit und Entwicklung der eigenen emotionalen Intelligenz ist in jedem Fall lohnend, da erst durch Empathie ein gelungenes Miteinander möglich wird. Wenn du deine Beziehungsstränge betrachtest, wirst du feststellen, dass du tagtäglich mit vielen verschiedenen Menschen in unterschiedlichen Formen und Qualitäten von Beziehungen verwoben bist. Die emotionale Intelligenz ist daher auch ein wichtiger Faktor, um seinen eigenen Platz in der Gesellschaft zu finden. Beziehungen können das Leben bereichern, aber auch erheblich negativ beeinflussen und einem die Energie rauben. Die Reflexion über Gefühle und Emotionen und das daraus folgende Handeln ist unabdingbar, wenn du ein Leben voller Wertschätzung, Selbstachtung, Harmonie und Liebe anstrebst.

Um Emotionen bei sich selbst und anderen wahrnehmen zu können, ist es notwendig, entsprechende Mimik, Gestik und Körperhaltungen erkennen zu können und einer entsprechenden Emotion zuzuweisen. Zur optimalen Nutzung dieser Emotion, sei es der eigenen oder der des Gegenübers, braucht es ein Wissen darüber sowie über die jeweiligen Zusammenhänge. Eine Emotion wirklich verstehen zu können, bedarf einer genauen Analyse. Erst dann wird einschätzbar, ob und wie man sie verändern kann und welche Konsequenzen sich eventuell daraus ergeben.

Das Enneagramm möchte dich dabei unterstützen, diese emotionale Intelligenz mehr und mehr zu verstehen, wahrzunehmen, zu schulen, und dir helfen, dich selbst und andere besser zu verstehen und entsprechend reagieren zu können. Dafür ist es wichtig, die einzelnen Persönlichkeitstypen des Enneagramms kennenzulernen und die Welt aus ihren Augen zu sehen.

Die neun Persönlichkeitstypen

Mithilfe des Enneagramms werden neun Persönlichkeitstypen tiefgründig beschrieben, um sie besser verstehen sowie Unterschiede und Gemeinsamkeiten erkennen zu können. Es dient der Selbst- und Fremderforschung, legt dadurch Potenziale frei und deckt „blinde Flecken" auf. Letztendlich beschäftigt sich jede Persönlichkeit mit einem sehr speziellen emotionalen und mentalen Thema. Die Aufmerksamkeit des Menschen wird darauf gelenkt, aber oft nicht bewusst wahrgenommen, ja sogar abgewehrt. Dabei befindet sich jeder der neun Typen in einem der drei Energiezentren Kopf, Herz oder Bauch, welche die Handlungen beeinflussen. So haben unterschiedliche Persönlichkeitstypen auch unterschiedliche Strategien, um ihr Leben zu meistern, z. B. Vermeidungsverhalten, Abwehrmechanismen und Idealvorstellungen. So einige Situationen triggern im Menschen Erinnerungen und Urschmerzen, wovor man sich schützen möchte. Dabei wird ein Lernprozess erlebt, der die entsprechende Entwicklung und Reife eines Enneagrammtyps fördert.

Mit fortschreitender Selbsterkenntnis wird sich jeder selbstreflektierte und an Entwicklung interessierte Mensch von seinen starren Mustern lösen und zunehmend neue Verhaltensweisen integrieren. Denn dass wir eine entsprechende Persönlichkeit haben, die im Enneagramm aufgezeigt wird, gründet sich in den Erfahrungen unserer Kindheit und inwieweit unsere Grundbedürfnisse gestillt wurden. Konnten einige von ihnen nicht befriedigt werden, wurde der dadurch entstandene innere Schmerz ein Lehrer, um Notlösungsstrategien zu entwickeln. Mit fortschreitender Bewusstheit und Lebensreife können diese Strategien verstanden und angepasst werden.

Grundbedürfnisse

Das Enneagramm teilt die menschlichen Grundbedürfnisse, die für eine positive Entwicklung der eigenen Persönlichkeit wichtig sind, wie folgt ein:

1. sich gesehen und geliebt fühlen
2. sich orientieren können und Sicherheit spüren
3. unabhängig sein, sich behaupten können

Wie bereits erwähnt, lassen sich die Persönlichkeitstypen des Enneagramms auf der Basis dieser Grundbedürfnisse in drei Zentren einteilen: Herztypen, Kopftypen und Bauchtypen. Beim Lesen der einzelnen Persönlichkeiten wirst du relativ schnell merken, worauf der Fokus liegt.

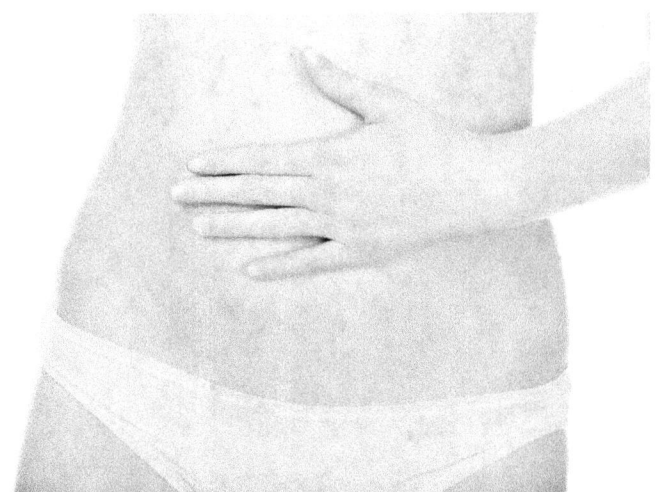

- Bauchtypen (Enneagrammtypen 1, 8, 9) spüren ihre Individualität sehr stark und möchten dieses „Ich" ausleben, zeigen und schützen. Die Frage nach dem „Wer bin ich?" möchte immer wieder beantwortet werden.

- Herztypen (Enneagrammtypen 2, 3, 4) haben ein ausgeprägtes Bedürfnis nach Verbindungen zu anderen Menschen. Beziehungen, Freundschaften, Familie stehen im Mittelpunkt ihres Lebens. Die Qualität der jeweiligen zwischenmenschlichen Bindungen ist dabei von enormer Wichtigkeit.

▶ Kopftypen (Enneagrammtypen 5, 6, 7) wollen einen klaren Überblick in ihrem Leben und streben nach Sicherheit und Wissen. Die eigene Orientierung in der Welt wird vor allem kognitiv gemeistert.

Wenn der eigene Persönlichkeitstyp und dessen Grundenergie verstanden werden, kann dies zu einer heilenden Entwicklung führen. So kann ein Herztyp Mangelzustände erkennen und lernen, sein Bedürfnis nach Liebe und Geborgenheit auf eine gesunde Weise zu stillen. Kopftypen dürfen Stabilität und Sicherheit von innen heraus entwickeln und Bauchtypen befinden sich auf dem Weg, ihren persönlichen Platz in der Gemeinschaft und ihre entsprechende Aufgabe dort zu finden.

Doch nicht immer wird die eigene Grundenergie wahrgenommen und in einem Entwicklungsprozess positiv gefördert. Viele Menschen neigen dazu, genau diese Impulse des Urschmerzes, den sie seit Kindheit spüren, zu verdrängen oder zu betäuben. Jeder Mensch hat entsprechende Strategien entwickelt, auch zum psychischen Schutz, um mit Mangelgefühlen umgehen zu können. Wie zeigt sich dies konkret bei den einzelnen Enneagrammtypen?

Bauchtyp 1:	Bauchtyp 1 zieht seine Energie nach innen und lenkt dadurch Aggression gegen sich selbst. Im außen wird dies wahrgenommen als starres Denken, Perfektionismus, Denken in Kategorien, Kontrolliertheit.
Bauchtyp 8:	Bei diesem Typ richtet sich die Bauchenergie nach außen, was sich in Aggression, Unabhängigkeit und Vitalität zeigen kann.
Bauchtyp 9:	Dieser Typ lebt die aggressive Energie nicht nach außen aus, sondern zieht sie nach innen. Durch diese Betäubung spürt er oft die eigenen Grenzen nicht und passt sich lieber an. Dieser Frieden kann jedoch nur scheinbar sein, wenn innerlich Emotionen, z. B. Wut, unterdrückt werden.
Herztyp 2:	Er richtet seine komplette Herzenergie in Form von Fürsorge auf andere Menschen und vergisst sich dabei oft selbst.
Herztyp 3:	Dieser Typ möchte seine Herzenergie nicht spüren und definiert sich daher lieber über Äußerlichkeiten.
Herztyp 4:	Hier richtet sich die Herzenergie nach innen, was sich in Selbstverliebtheit ausdrücken kann. Oft spürt dieser Herztyp ein Grundgefühl von Melancholie und setzt sich daher besonders intensiv mit seinen Gefühlen auseinander.
Kopftyp 5:	Die Kopfenergie richtet sich in Form von genauem Beobachten und Analysieren stark nach außen. Das eigene Wissen gilt als einzig zuverlässige Basis.

Kopftyp 6: Dieser Typ möchte seine Kopfenergie gerne betäuben, was zu Ängsten, Zweifeln und Misstrauen führt. Infolgedessen gibt es nur noch zwei Auswege: Kampf oder Rückzug.

Kopftyp 7: Hier richtet sich die Kopfenergie nach innen, sodass die äußere Welt kaum wahrgenommen wird, da immer wieder nach neuen Reizen und Herausforderungen für den Geist gesucht wird.

Leidenschaften

Neben den beschriebenen Grundbedürfnissen spielen auch spezielle Leidenschaften eine Rolle bei den einzelnen Enneagrammtypen. Darunter sind vor allem emotionale Energien zu verstehen, die bewusst oder unbewusst das Interesse und die Aufmerksamkeit der einzelnen Typen anziehen. Die einzelnen Leidenschaften sind Zorn, Stolz, Täuschung, Neid, Geiz, Zweifel, Gier, Lust und Trägheit. Diese emotionalen Ausprägungen zeigen sich unterschiedlich intensiv in den einzelnen Persönlichkeiten.

Das Thema Zorn ist eine Leidenschaft, die besonders bei Enneagrammtyp 1, wenn auch oft unbewusst, zu finden ist. Das heißt nicht, dass er diese Emotionen frei heraus zeigt, vielmehr treiben sie ihn zu seinen Leistungen an. Es ist der Zorn über die eigenen Mängel, aber auch generell der Unvollkommenheit der Welt. Diese starke Emotion treibt die Persönlichkeit an, sich selbst und andere perfektionieren zu wollen. Doch es ist ein Kreislauf, der immer wieder von neuem startet. Da Perfektion per se Auslegungssache ist und damit niemals komplett existieren kann, bringt diese unbefriedigte Sehnsucht erneuten Zorn zum Vorschein.

Enneagrammtyp 2 beschäftigt sich, ebenfalls meist unbewusst, mit der Leidenschaft Stolz. Da seine Herzenergie vor allem zu seinen

Mitmenschen fließt, wächst der Stolz auf die eigene Leistung für andere und die eigene Empathiefähigkeit. Anderen geben zu können, was sie in diesem Moment benötigen, macht diesen Persönlichkeitstyp stolz, aber auch die Unabhängigkeit, selbst keine Hilfe von anderen in Anspruch nehmen zu müssen. Dieser Stolz kann gekränkt werden, wenn seine Hilfsangebote abgelehnt werden oder kein Dank entgegengebracht wird. Dann wird dieser unbewusste Stolz sichtbar und bewusst.

Enneagrammtyp 3 täuscht gerne über die eigenen, selbst ernannten „Unzulänglichkeiten" hinweg, um vor anderen gut dazustehen. Dabei täuscht er andere, aber auch sich selbst. Es ist wie eine auferlegte Rolle, die gespielt wird, da die Außenwirkung enorm wichtig für die eigene Persönlichkeit ist. Doch oft wird die eigene Persönlichkeit gar nicht mehr wahrgenommen, sondern einer Scheinidentität gefolgt, sodass das wirkliche Selbst jenes Typs kaum zum Vorschein kommen kann.

Mit der Leidenschaft Neid setzt sich insbesondere Enneagrammtyp 4 auseinander. Wie bei allen Leidenschaften kann dies auch vollkommen unbewusst geschehen. Es sind Gefühle von Mangel, Trennung und Andersartigkeit, welche die Leidenschaft Neid hervorbringen. Alle anderen Menschen sind glücklicher und erfüllter, haben bestimmte materielle Dinge, erreichen leichter etwas etc. Mit Neid betrachtet dieser Persönlichkeitstyp alle anderen, denen wohl mit Leichtigkeit alles in den Schoß fällt. Sehnsüchtig blickt dieser Typ in Richtung anderer, was zu einem Mangelgefühl und innerem Schmerz führt.

Hauptleidenschaft im Leben des Enneagrammtyps 5 ist der Geiz. Das zeigt sich nicht ausschließ in finanzieller Sicht oder durch Besitztümer. Vor allem geht es bei diesem Persönlichkeitstyp darum, gut abzuwägen und zu entscheiden, wem oder was die eigene Zeit und Energie gewidmet wird. Diese Strategie dient dem Schutz innerer Ressourcen, die eher als knapp eingeschätzt werden. Daher beobachtet Typ 5 soziale Situationen lieber von außen, um sich nicht zu sehr emotional verwickeln zu lassen, z. B. in Diskussionen, Gespräche über Gefühle etc.

Zweifel ist die Leidenschaft mit größter Gewichtung bei Enneagrammtyp 6. Er zeigt sich in einer eher pessimistischen und misstrauischen Einstellung dem Leben gegenüber. Das macht es diesem Typ eher schwer, anderen zu vertrauen. Denn an vielen Dingen, die durch andere Menschen an ihn herangetragen werden, wird zunächst gezweifelt und es wird sich gefragt, ob es sich wirklich um gute Absichten handelt. Dieser Zweifel zeigt sich auch dadurch, dass der Prozess einer Entscheidungsfindung oft lang und schwer ist. Was könnte nur alles passieren, wenn diese Entscheidung nun endgültig getroffen wird? Es ist ein ständiges Abwägen, Durchdenken, Zweifeln und Verwerfen, da alle möglichen Eventualitäten vorher durchdacht werden müssen. Die Chance, dass etwas so passt, wie es sich gerade zeigt, ist für jenen Typ eher gering.

Enneagrammtyp 7 gibt sich vor allem der Leidenschaft Gier hin, was ihn dazu treibt, möglichst viel vom Schönen in sein Leben zu ziehen. Die Aufmerksamkeit wird vom Unangenehmen abgezogen, sodass Emotionen wie Traurigkeit und Schmerz keine Beachtung finden. Trotzdem klopfen auch unangenehme Gefühle mal stärker, mal weniger stark an, sodass die Suche nach dem Guten und Schönen im Leben diese Persönlichkeitstypen antreibt. Sie können daher oft sehr hastig und getrieben durchs Leben rasen, immer auf der Suche nach dem neusten Glückskick, was sich dann als gieriges Anhäufen und Horten von materiellen Dingen oder auch Erfahrungen zeigen kann.

Für Enneagrammtyp 8 muss das Leben intensiv und energetisch sein. Lust ist die Leidenschaft, die ihn dazu antreibt, exzessiv und genussvoll zu leben. Dieser Typ besitzt besonders viel Energie, die sich in seiner Sexualität, in Festen, Streitigkeiten und Fressorgien auslebt. Er liebt es, Ungerechtigkeiten aufzudecken und sich für die Schwachen und Armen einzusetzen.

Enneagrammtyp 9 ist zwar nicht faul, aber die Leidenschaft Trägheit bringt ihn dazu, seine Energie und Zeit mit vielen unwichtigen Dingen zu vergeuden. Unterbewusst geht es jedoch eher darum, sich davon abzulenken, sich wirklich wichtigen Dingen des Lebens anzunehmen. Typ 9 ist daher zwar immer beschäftigt, doch da er das Unwichtige vom Wichtigen wenig unterscheiden kann, geht er oft den Weg des geringsten Widerstands. Seine eigene Ruhe ist ihm heilig, sodass er Konfliktsituationen tunlichst meidet. Ziele zu finden und diese konsequent zu verfolgen, fällt ihm recht schwer. Trägheit bedeutet also, dass die Energie des Enneagrammtyps 9 oft für eher unnütze Sachen verschwendet wird und das Leben so nicht in seiner Bedeutung und Wichtigkeit in vollen Zügen gelebt wird.

Flügel

Das Enneagramm bietet einen Überblick über die verschiedenen Persönlichkeitstypen in systematischer Form. Dabei kann einem Menschen ein Haupttyp zugeordnet werden, gleichzeitig können die Ausprägungen der sogenannten Flügel diesen ergänzen. Sie können entsprechend schwach, mittel oder sehr stark ausgeprägt sein. Daher ist es auch immer sehr interessant zu betrachten, welche Nachbartypen den entsprechenden ermittelten Haupttyp umgeben. Je nach Dominanz jener angrenzenden Persönlichkeiten, haben sie ebenfalls Einfluss auf Denkweisen und Handlungsmuster.

Instinktvarianten

Jeder Mensch stellt bestimmte Aspekte seines Lebens stärker in den Mittelpunkt, als es im Vergleich ein anderer tun würde. Im Enneagramm werden die einzelnen Persönlichkeitstypen daher drei Instinktvarianten zugeteilt, die unterschiedlich dominant ausgeprägt sein können. Ein Instinkt ist dabei ein innerer Impuls, der unbewusst ein bestimmtes Handeln provoziert, das in diesem Moment als richtig erscheint. Jeder Mensch besitzt diesen lebenserhaltenden Antrieb, weshalb er unabhängig vom jeweiligen Enneagrammhaupttyp agiert, sich dieses Verhalten aber durch den Persönlichkeitsrahmen unterschiedlich gefärbt zeigen kann. Die Instinktvarianten lassen sich in drei Ausprägungen einteilen: selbsterhaltend, sexuell und sozial.

Die selbsterhaltende Instinktvariante zielt darauf ab, möglichst sicher und heil durchs Leben gehen zu können. Daher werden Themenbereiche, die Einfluss auf das körperliche Wohlbefinden haben, z. B. Finanzen, Gesundheit, Wohnsituation, Nahrung etc., besonders hervorgehoben.

Die sexuelle Instinktvariante bezieht sich auf die Intensivität, mit der das Leben gelebt wird. Es ist die Suche nach einer gewissen „Tiefe" in den alltäglichen Begegnungen und Handlungen. Dieser Instinkt hat trotz der Bezeichnung nichts mit dem Sexualleben einer Person zu tun, sondern eher mit dem Grad an Energie, mit dem das Leben gelebt wird.

Bei der sozialen Instinktvariante ist dem Menschen Gruppenzugehörigkeit besonders wichtig. Jegliches Ungleichgewicht und Rollenverteilungen innerhalb einer Gruppe werden von Personen mit dominanter sozialer Instinktvariante sofort erspürt. Dieses ausgeprägte Bewusstsein für soziale Interaktionen ist nicht unbedingt gleichzusetzen mit Geselligkeit. Auch ein stiller Beobachter kann ein sehr gutes Gespür für bestimmte Energien zwischen den Menschen besitzen.

Trost- und Stresspunkte

Innerhalb des Enneagramms werden jedem Haupttyp zwei weitere Persönlichkeitstypen via Pfeil zugeordnet, die aufzeigen, in welchem Enneagrammtypus jemand eher Trost oder Stress findet. Folgende Übersicht soll dies aufzeigen:

Haupttyp	Trostpunkt	Stresspunkt
1	7	4
2	4	8
3	6	9
4	1	2
5	8	7
6	9	3
7	5	1
8	2	5
9	3	6

Was bedeuten diese Punkte für den Haupttyp?

In Richtung Trostpunkt wird sich bewegt, wenn eine Situation sich sicher und gut anfühlt. Positive Eigenschaften des Enneagrammtyps im Trostpunkt werden angenommen und färben den Haupttyp. Dadurch wird es dem Menschen ermöglicht, sich aus eigenen destruktiven Persönlichkeitsmustern zu lösen.

Die Person bewegt sich Richtung Stresspunkt, wenn sie den kindlichen Urschmerz wahrnimmt. Der Haupttyp verändert sich zwar nicht, jedoch wird er durch die Eigenschaften des Stresspunktes beeinflusst. Es werden also bestimmte problematische Facetten dieser Persönlichkeit in stressigen Situationen angenommen.

Diese Prozesse laufen dynamisch ab, sodass ein Trost- oder Stresspunkt nicht dauerhaft in die eigene Persönlichkeitsstruktur integriert oder desintegriert sein muss. Diesbezüglich herrschen unterschiedliche Meinungen in der Literatur. Fakt ist, dass man im Laufe des Lebens und der Erfahrungen schrittweise Qualitäten aller anderen Enneagrammtypen in seinen Haupttyp integriert, sodass Trost- und Stresspunkte einen Anteil davon ausmachen können. Besonders wertvoll ist aber die Auseinandersetzung mit dem Trostpunkt, da durch ihn wichtige Fähigkeiten erlernt werden können, die dabei helfen, die eigenen Muster in positiver Weise zu verändern (Integration).

Integration und Desintegration

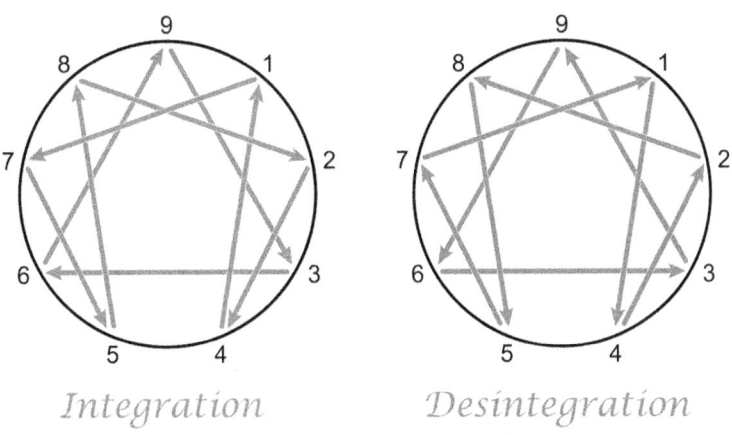

Integration *Desintegration*

Wie bereits angesprochen, sind die Persönlichkeitstypen im Enneagramm kein starres Konstrukt, sondern wandeln sich mit der Zeit, den gemachten Erfahrungen und dem daraus Gelernten. Eine Integration bezeichnet eine positive Entwicklung, die dabei hilft, das starre Konstrukt eigener Muster aufzubrechen. Eine Desintegration würde folglich aufzeigen, dass negative Entwicklungen dazu veranlassen, weiterhin am eigenen Enneagrammmuster festzuhalten und so die eigene Weiterentwicklung zu blockieren. Diese beiden Vorgänge sind tiefe und fundamentale Veränderungen, die sich eher langfristig auswirken. Die Hinwendung zu Trost- und Stresspunkten kann generell eine Entwicklungstendenz darstellen. Somit werden manche Eigenschaften jener Persönlichkeitstypen langsam integriert oder desintegriert.

Obwohl sich der Haupttyp im Enneagramm nie ändert, besitzt er doch einen breiten Spielraum, um sich darin auf positive (integrierte) oder eher negative (desintegrierte) Weise weiterzuentwickeln. Im integrierten Sinne bedeutet dies ein Gefühl von Ausgeglichenheit, Lebensfreude und losgelöst von Ängsten. Das eigene Ego steht nicht mehr so sehr im Mittelpunkt. Umso mehr der eigene Enneagrammtyp integriert wurde, desto stärker wird das eigene Potenzial entfaltet und das wahre Selbst gelebt. Der kindliche Urschmerz wird geheilt, da jetzt empfangen werden kann, was einem als Kind so dringlich fehlte.

Desintegration bedeutet, sehr mit dem Ego identifiziert zu sein und die wahre Natur des Selbst nicht zu erkennen. Solche Phasen ergeben sich oft durch Misserfolge oder Krisen im Leben, die Ängste und Stress auslösen. Bei Desintegration stehen alle Antennen auf Abwehr und destruktive Muster laufen auf Autopilot. Doch gerade diese Verhaltensweisen ziehen Konsequenzen nach sich, welche die eigenen Ängste wiederum aktivieren. Eine negative Abwärtsspirale beginnt.

Viele Menschen befinden sich genau in der Mitte zwischen Integration und Desintegration. In diesem Bereich funktioniert das Leben recht gut, aber man bleibt hinter seinen Möglichkeiten zurück. Eine gewisse Rollenidentifikation ist hier noch vorhanden, die dazu führt, dass man eine andere Person darstellt, die man in

Wirklichkeit nicht ist, um z. B. soziale Nachteile zu vermeiden. So wird versucht, Grundbedürfnisse zu sichern und die Angst in Schach zu halten. Doch die Frage „Wer bin ich wirklich?" kann hier noch nicht beantwortet und gelebt werden.

Die folgende Zusammenfassung soll einen kurzen Überblick über Integration und Desintegration der einzelnen Enneagrammtypen geben, die in den nachfolgenden Kapiteln noch ausführlicher behandelt werden:

Ennea-grammtyp	Integration	Desintegration
1	Kontrolle loslassen führt zu innerer Freiheit.	Eigene Handlungen führen zu Zornesausbrüchen und Kontrollverlust.
2	Selbstliebe setzt unterdrückte Qualitäten frei.	Eigene Handlungen führen zu Abwendung anderer Menschen.
3	Wahre Werte liegen in einem selbst.	Eigene Handlungen führen zu Versagen, Imageverlust.
4	Ziele können aktiv und mit Durchhaltevermögen verfolgt werden.	Eigene Handlungen führen zu Zurückweisungen, Gewöhnlichkeit, Verlorenheit.
5	Handeln statt denken setzt positive Qualitäten frei.	Eigene Handlungen führen zu einem Gefühl der Leere.
6	Sicherheit ist in sich selbst zu finden, man hat Vertrauen in andere.	Eigene Handlungen führen zu einem Verlust des Sicherheitsgefühls.

7	Man darf sich zurückziehen und auch negative Gefühle zulassen.	Eigene Handlungen führen zu Leid und Schmerz.
8	Die eigene zarte Seite kennenlernen und annehmen.	Eigene Handlungen führen zu Unsicherheiten und Respektverlust.
9	Aktiv am Leben teilnehmen führt zu innerem Freiheitsgefühl.	Eigene Handlungen führen zum Verlust des inneren Friedens.

Wenn du die neun Persönlichkeitstypen ausführlicher kennenlernst, wird dir diese psychologische Auseinandersetzung dabei helfen, Muster, Gefühle und Verhalten anderer und deine eigenen bewusster wahrzunehmen. Darauf aufbauend kannst du freier und souveräner entscheiden, wie du damit umgehen möchtest. Beim Lesen der neun Persönlichkeiten wirst du feststellen, dass sie sich sehr unterscheiden in der Art, wie sie die Welt wahrnehmen, und so mehr Empathie entwickeln. Denn alle Menschen sind trotz Ähnlichkeiten sehr unterschiedlich, und diese Verschiedenheit gilt es zu erkennen und zu respektieren, anstatt auf sein Recht und seine Weltsicht zu beharren. Dadurch entstehen mehr Verständnis füreinander und ein friedvolleres Zusammenleben, was dir persönlich und damit der Welt zugutekommen kann. Die Profile der neun Persönlichkeitsmuster skizzieren bestimmte Merkmale, die jedoch nicht alle erfüllt sein müssen. Vielmehr geht es darum, zu erforschen, inwieweit man sich selbst oder andere Personen darin erkennt und aus dieser Perspektive heraus die Welt betrachten kann.

Natürlich wäre es der schnellere und einfachere Weg, den eigenen Persönlichkeitstyp über ein Testverfahren zu ermitteln, aber mit der Reise durch die verschiedenen Charaktere des Enneagramms werden sich dir viele Aha-Momente eröffnen und deine Intuition wird dir verraten, welche eigenen und fremden Verhaltensmuster du bereits erkannt hast. Oft kann es sein, dass man während des Lesens noch keine Resonanz spürt, die entsprechenden Passagen des Persönlichkeitstyps in späteren zwischenmenschlichen Situationen jedoch sehr deutlich werden können. Sieh es als einen Prozess an, die verschiedenen Typen kennenzulernen und sie in dir und anderen zu entdecken. Gespräche mit Personen und ihre Sichtweise auf einen selbst können in dieser Phase der Selbsterforschung sehr unterstützend sein. Umso mehr es möglich ist, auch aus dem eigenen Standort im Enneagramm herauszutreten und die Sichtweisen anderer Persönlichkeitstypen zu verstehen und anzunehmen, desto weiter schreitet die persönliche Entwicklung fort.

Am einfachsten erscheint das zunächst bei den benachbarten Typen, den „Flügeln", die dem eigenen Grundtyp nahestehen. Mit reifendem Verständnis und durch die Inspiration des Enneagramms weiten sich die Empathiefähigkeit und der eigene Geist immer mehr für friedvolle, gemeinsame Wege. Die Fremdartigkeit und damit verbundene Angst können so der Toleranz und dem Respekt weichen.

Im Sufismus, einer spirituell-mystischen Strömung des Islams, wird das Enneagramm als das „Antlitz Gottes" bezeichnet. Wird es einem Menschen möglich, die Wirklichkeit aus allen neun Perspektiven zu betrachten, entspricht das dem Blick Gottes auf die Welt. In spirituellen Lehren wurde diese Sichtweise intuitiv durch ihre Gelehrten verwirklicht. Das Enneagramm ist daher als eine Zusammenfassung jener Erkenntnisse zu sehen, die jedem Menschen innewohnen und sich mit fortschreitendem Alter verwirklichen wollen. Hier gilt, noch einmal darauf hinzuweisen, dass keiner der neun Persönlichkeitstypen besser oder schlechter ist als ein anderer. Jeder Mensch bringt sich individuell in die

Gemeinschaft ein und hat die Möglichkeit, sich zu entwickeln und die Persönlichkeit immer mehr reifen zu lassen. Die Merkmale einzelner Persönlichkeiten können natürlich auch bei anderen Enneagrammtypen auftreten. Doch in der entsprechenden Hauptenergie sind diese besonders ausgeprägt und können zur persönlichen Weiterentwicklung aktiv ausgeglichen werden.

Wenn du zum Zeitpunkt deiner Beschäftigung mit dem Enneagramm bereits einige Lebenserfahrung gesammelt hast, ist es interessant, sich immer wieder zu fragen, wie sich die Persönlichkeit z. B. im Teenageralter oder mit Mitte zwanzig zeigte. Vielleicht wirst du merken, dass du dich bereits auf dem Enneagramm von deiner Hauptenergie aus in andere Richtungen bewegt hast und mittlerweile andere Sichtweisen erlangt, sie sogar integriert hast.

Die nachfolgende ausführliche Darstellung der einzelnen Enneagrammtypen möchte bestimmte Merkmale und Muster darlegen. Bedenke jedoch, dass auch diese Beschreibungen keine absolute Sicherheit und Zuverlässigkeit zur Bestimmung eines Typs liefern können. Der jeweilige Grundtyp eines Menschen wird immer bestimmt von den Grundbedürfnissen, nicht den persönlichen Eigenschaften. Dieses „Warum" ist nicht zwangsläufig bei jeder Person sofort klar und offensichtlich. Es kann sich hierbei also um unbewusste Bedürfnisse handeln, die noch nicht jedem verständlich sind, weshalb sie nicht sicher abgefragt werden können. Entsprechende Fragestellungen in Enneagrammtests können sich zwar über das Herausfinden bestimmter Handlungsmuster und Charaktereigenschaften annähern, bieten dennoch keine hundertprozentige Garantie, den richtigen Grundtyp herausgefunden zu haben. Daher ist es ein guter Weg, alle Enneagrammtypen zu kennen, sich mit den entsprechenden Fragestellungen auseinanderzusetzen und sich so auf die Erforschung des Hauptmotives im Leben zu begeben.

Enneagrammtyp 1 – der Reformer

„Der Reformer" wird in der Enneagrammliteratur auch gerne als der kritische Perfektionist bezeichnet. Das Streben nach Perfektion dient im psychologischen Sinne oft der Fehlervermeidung aus Angst vor Kritik und Ablehnung. Wenn Ziele, die meist zu hochgesteckt sind, nicht erreicht werden, gehen Perfektionisten oft hart mit sich selbst ins Gericht.

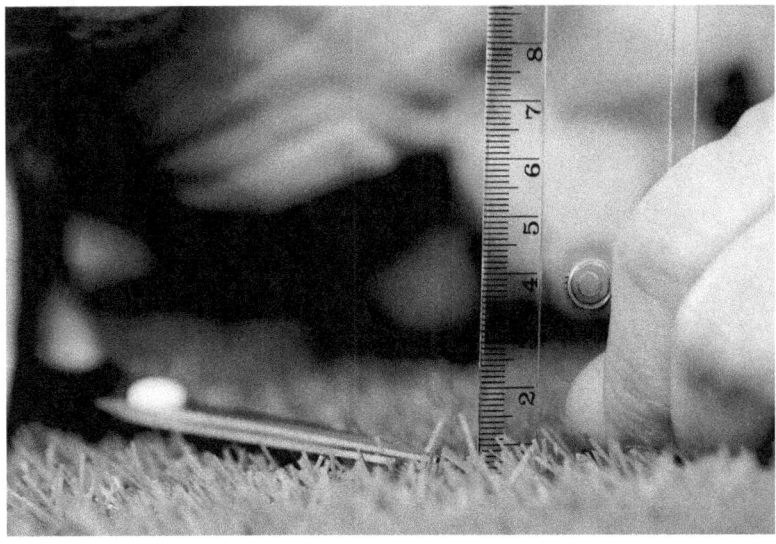

Allgemeine Beschreibung

„Das geht aber noch besser!" ist ein Satz, der dem Persönlichkeitstyp „der Reformer" sehr leicht über die Lippen geht. Auch folgende Aussagen kommen gerne von Enneagrammtyp 1:

- Einen Fehler zu machen, verdirbt mir alles.
- Das ist nicht perfekt.
- Ich muss meine To-do-Liste abarbeiten.
- Ordnung ist das halbe Leben.
- Nur mit Disziplin kommt man weiter.
- Ich will perfekt sein.
- Ich trage viel Verantwortung.
- Wenn ich etwas falsch mache, habe ich Angst vor Verurteilung durch andere.
- Du kannst dich jederzeit auf mich verlassen.
- Recht und Moral sind wichtig.
- Ich strebe nach hohen Idealen und Prinzipien.
- Ich bin ein Idealist.
- Mich zu entspannen, fällt mir aufgrund der vielen Arbeit schwer.
- Bei Problemen suche ich nach Lösungen, um sie zu beseitigen.
- Manchmal bin ich starrsinnig.
- Ich bin Detailverliebt.
- Mein Zuhause ist immer ordentlich aufgeräumt.
- Jemandem zu verzeihen, fällt mir schwer.
- Ich bin eher ein ernster Mensch.
- Manchmal übernehme ich die Arbeit anderer, um ein Projekt perfekt zum Abschluss zu bringen.
- Vielen Menschen fehlt es an Moral.
- Es ist mir wichtig, dass alles nach rechten Dingen zugeht.

- Ich möchte die Welt zu einem besseren Ort machen.
- Ich bin leicht reizbar.
- Wenn ich alles zur besten Zufriedenheit erledige, werde ich mehr geschätzt und geliebt.

Dieser perfektionsverliebte Enneagrammtyp ist stets bestrebt, das bereits Erreichte zu verbessern. Perfektionismus ist sein stetiger Antreiber, da kaum etwas gut genug zu sein scheint. Doch der wahre Motor dieses Verhaltens ist der Zorn über all die Unzulänglichkeiten dieser Welt, eingeschlossen die eigenen. Der Fokus liegt hauptsächlich auf bestehenden Mängeln, die es schnellstmöglich zu beheben gilt. In seiner Welt existiert lediglich „richtig" oder „falsch". „Der Reformer" eignet sich bestens, um Chaos jeder Art schnellstmöglich zu beseitigen. Er hat ein geschultes Auge für Details und möchte sein Umfeld immer wieder entweder selbst verbessern oder zu Verbesserungen anregen. Aber auch sich selbst setzt er gehörig unter Druck, um perfekte Leistung erbringen zu können. Das kann für diesen Persönlichkeitstyp selbst wie auch für andere Beteiligte sehr anstrengend sein, da die absolute Perfektion nicht existiert. So können Druck- und Schuldgefühle entstehen bis hin zu Wut und Zorn über das nicht Erreichte.

Dieser Perfektionismus kann aber auch die emotionale Welt des „Reformers" betreffen, sodass er sich negative Gefühle nicht eingestehen bzw. diese nicht zeigen oder gar ausleben möchte. Doch verdrängte Emotionen sollten nicht auf Dauer runtergeschluckt werden, denn sie suchen ihr Ventil in Form von Ärger, Wut, Frust und Kritik. Er bringt all seine Energie auf, um den selbst gesetzten hohen Standards gerecht zu werden, immer verlässlich und verantwortungsbewusst zu sein. Der Preis, der dafür gezahlt wird, ist der Verzicht auf vieles, was im Leben Vergnügen bereiten würde. Er würde niemals soziale Normen brechen oder Rechte verletzen, da Moral einen hohen Stellenwert einnimmt.

Ungerechtigkeit, Beschuldigung, Chaos und Überlastung können beim „Reformer" Stress und Anspannung auslösen. Gerät er unter Druck, möchte er gerne seinem Zorn freien Lauf lassen. Da ihm aber die Aufrechterhaltung der Fassade des idealen Menschen wichtig ist, wird diese Leidenschaft mit allen Mitteln unterdrückt.

Allem Perfektionismus zum Trotz ist der erste Persönlichkeitstyp des Enneagramms ein loyaler Freund und Partner, der sich seiner Verantwortung nicht scheut. Bei allem was er anpackt, glänzt er mit Kompetenz und Leistung. Seine Werte sind ihm wichtig, daher zeigt er sich oft nicht sehr kompromissbereit und folgt den eigens aufgestellten Regeln. „Der Reformer" ist nicht selten in Führungspositionen anzutreffen, da ihn Zielorientierung und Spitzenleistungen die Karriereleiter emporsteigen lassen. Er ist ein Visionär und geht stetig voran, um seine Ziele erreichen zu können. So ist dieser Enneagrammtyp der geborene Macher, plant und organisiert mit Leidenschaft und Intelligenz, immer getrieben, Vorhaben mit Perfektion umzusetzen. Aufgrund seiner Lust am Arbeiten, seiner Ehrlichkeit, Selbstständigkeit und Zuverlässigkeit, ist er in der Arbeitswelt eine unentbehrliche Kraft.

Seine immerwährende Strebsamkeit kann ihn aber auch leicht distanziert, hart und angestrengt wirken lassen. Tatsächlich fehlt es ihm daran, die schönen Dinge des Lebens einfach mal zu genießen, einmal abzuschalten und die Arbeit auch Arbeit sein zu lassen. Er möchte sich nicht lange mit Emotionen aufhalten oder diese anderen Menschen offen zeigen, würde er sich dadurch doch die eigene Schwäche eingestehen müssen oder gar die Contenance verlieren. „Der Reformer" hat immer etwas zu tun und realisiert seine Projekte mit Fleiß und Struktur. Langeweile kennt er nicht, denn das nächste Ziel wartet bereits darauf, erfüllt zu werden.

Leidenschaft: Zorn

Was „der Reformer" mit allen Mitteln vermeiden möchte, ist jedoch seine Hauptleidenschaft, der Zorn. Er lehnt diesen kategorisch ab, da er nicht in sein Bild des perfekten Menschen passt. Doch was unterdrückt wird, wird nur noch stärker, und so brodelt der Zorn im Inneren und sorgt für Spannungen. Selbst würde dieser Persönlichkeitstyp sich nie als zornig wahrnehmen, seine Mitmenschen spüren jedoch meist die angestaute Wut, die sich im körperlichen Erscheinungsbild oder Subtext seiner Aussagen zeigt.

„Der Reformer" findet andere Wege, um seinen Zorn auszuleben, indem er sich für die Gerechtigkeit in der Welt einsetzt. Unter dem Deckmantel des Kampfes für die gute Sache findet das innerlich lodernde Feuer einen Fokus. Ungerechtigkeiten zu bekämpfen, gibt ihm das Gefühl, gut und rechtens zu sein. Menschen, die sich nicht an geltendes Recht halten, sind für ihn untragbar. In seiner näheren Umgebung würde er nur verhalten Kritik an solchen Personen üben, höflich und wohlwollend verpackt. Im Einsatz für eine bessere Welt kann er hingegen seinen Zorn verbalisieren, weil entsprechende Personen oder Situationen eine gewisse Distanz zu ihm haben und keine Konsequenz der Ablehnung folgt.

Der bereits dargelegte, sehr ausgeprägte Perfektionismus ist die Antwort auf die vorherrschende Grundleidenschaft Zorn. Nichts und niemand, auch er selbst nicht, sind perfekt. Die Energie des Zorns wird darauf gelenkt, möglichst alles richtig und perfekt zu machen, was ihm als mangelhaft erscheint. Die permanente Selbstoptimierung und der Versuch, die Welt zu perfektionieren, sind anstrengende Vorhaben und erzeugen enormen Druck und Schuldgefühle. Für den „Reformer" ist es unverständlich, dass Probleme nicht gemeinsam gelöst werden, dass es andere Sichtweisen auf „die eine Lösung" gibt. Der Blick über den eigenen Tellerrand fällt ihm sehr schwer, denn mehrere Lösungswege verursachen Chaos in seinem Kopf.

Die Stimme des inneren Kritikers ist beim „Reformer" laut und präsent. Damit diese Stimme nicht zu dominant wird, muss stets alles vollkommen korrekt erledigt werden. Das besänftigt die kritische Stimme aus dem Inneren. Dies erfordert einiges an Energieaufwand. Damit nicht auch noch Kritik von anderen Menschen kommt, die ihn besonders treffen würde, gehen alle Bestrebungen dahin, nur keinen Groll bei anderen zu verursachen. Kommunikation, Kleidung, Arbeit, alles wird bis ins Detail geplant und perfektioniert.

Was durch die ständige Selbstkritik und -kontrolle komplett auf der Strecke bleibt, ist, dass dieser Persönlichkeitstyp sein wahres Selbst kaum bis gar nicht wahrnehmen kann. Wenn sich alles um die eigene Anklage und äußere Verteidigung dreht, ist wenig Raum für Wünsche, Fantasien, Spielerein. Der „Reformer" entspannt sich zur Belohnung, wenn er seine Aufgaben den Erwartungen entsprechend erledigt hat. Ein asketischer Lebensstil ist daher vor allem bei Persönlichkeitstyp 1 im Enneagramm vorzufinden.

Um den inneren Zorn abzubauen und den Kritiker zum Schweigen zu bringen, werden so viele Lebensbereiche wie möglich perfektioniert. So auch der Wohnraum, der regelmäßig blitzeblank geputzt wird. Es verschafft ihm eine Erleichterung des Drucks, wenn alles geordnet und sauber ist. „Der Reformer" nutzt möglichst viele Mittel zur Kontrolle seines eigenen Verhaltens, daher arbeitet er stur Aufgabenlisten ab, hat die Zeit exakt im Blick, um überpünktlich zu einem Termin zu erscheinen, überlegt sehr genau, welche Statements er in Gesprächen loslässt.

Instinktvarianten

Bei den Instinktvarianten wird grundsätzlich unterschieden in selbsterhaltend, sexuell und sozial.

Ist der Instinkt der Selbsterhaltung im Fokus des „Reformers", verursacht dies bei ihm ein Übermaß an Sorgen um sich und die Welt. Das hat zur Folge, dass alle entsprechenden Maßnahmen getroffen werden müssen, um die Sorgen zur Ruhe zu bringen. Oft legt er sich bestimmte Rituale und Regeln auf, um einen gut durchdachten Plan zu verfolgen und negative Situationen zu verhindern. Er macht sich Sorgen um seine Gesundheit, also wird er einer strikten Diät folgen, ein spezielles Sportprogramm starten, regelmäßige Arztbesuche planen und entsprechende Vitaminpräparate einnehmen. Da Typ 1 sowieso zu einem asketischen Lebensstil neigt, fällt es ihm leicht, all diese Schritte zu befolgen. Weil es im Leben mehrere Sorgen in verschiedenen Lebensbereichen gibt, ist „der Reformer" gut aufgestellt mit unterschiedlichsten Plänen, diese zumindest zu minimieren. Er hat einen genauen Finanzplan, überblickt alle anstehenden Wartungen seines Autos, organisiert und reinigt seinen Wohnraum akribisch und überlegt genau, wie er seine Beziehungen positiv beeinflussen kann. Das hört sich nicht nur nach viel Organisations- und Umsetzungsstress an, sondern äußert sich beim „Reformer" auch als körperliche Verspannungen und innere besorgte Unruhe. Die Angst davor, einen Fehler zu machen, ist groß und möchte um jeden Preis verhindert werden. Das permanente Sorgen strahlt dementsprechend auf seine Mitmenschen aus und kann für Beziehungen aller Art belastend sein. So kann es passieren, dass nicht mehr nur der innere Kritiker rügt, sondern auch Familienmitglieder, Arbeitskollegen und Freunde auf all seine Bemühungen, die Sorgen endlich zum Schweigen zu bringen, ablehnend und kritisierend reagieren.

Ist die sexuelle Instinktvariante stärker ausgeprägt, überträgt „der Reformer" seine hohen Ansprüche an sich selbst auch auf seine Beziehungen. Sein Perfektionismus kann ihm jedoch dermaßen selbst im Wege stehen, dass er seine Sehnsucht nach Liebe nicht stillen kann, weil niemand so wirklich in sein Bild eines idealen Partners, Freundes, Arbeitskollegen passt. Es ist naheliegend, dass Typ 1 zu Personen, die seinen Idealen perfekt entsprechen, aufsieht und alles dafür tun wird, um sie nicht zu enttäuschen, nicht von ihnen zurückgewiesen zu werden. Eifersucht ist bei dieser Instinktvariante des Enneagrammtyps 1 daher oft ein großes Thema. Sexuelle Instinktvariante bedeutet, dass dieser Persönlichkeitstyp bei allem, was er tut, besonders energetisch auftritt. Die Charakterzüge des „Reformers" werden daher recht deutlich ausgelebt. Er argumentiert gerne, verfolgt hohe Ideale und fordert diese auch von anderen ein, arbeitet extrem zielgerichtet, kritisiert gerne, möchte alles zum Besseren reformieren, ist leicht erregbar, unterdrückt seinen Zorn weniger und tritt dominant und fordernd auf.

„Der Reformer" mit sozialer Instinktvariante setzt sich vehement für Gerechtigkeit ein. Soziale Werte sind ihm überaus wichtig, weshalb er dort bestehende Mängel aufdecken und verbessern möchte. Dies tut er am liebsten mit Gleichgesinnten, die seine Meinungen teilen. Daher trifft man den „sozialen Reformer" häufig bei gemeinnützig orientierten Organisationen an. Seine wichtige Aufgabe dort sieht er nur als zufriedenstellend erledigt, wenn die Missstände nach seinem Ermessen und am besten durch ihn selbst verbessert werden konnten. Es frustriert ihn zutiefst, wenn dies innerhalb einer Gruppe nicht möglich ist, denn sein Selbstwertgefühl erhält er durch die Zustimmung anderer. „Der Reformer" möchte Vorbild sein und gibt alles dafür, das beste Bild seiner Vorstellungen und Werte nach außen abzugeben. Diesem Ideal immer vollkommen gerecht werden zu wollen, erzeugt bisweilen großen Druck. Da ihm die Lösung sozialer Probleme in der Welt so wichtig ist, können Beziehungen darunter leiden, denn sie sind für ihn eher zweitrangig. Seine Mission steht im Vordergrund. Dadurch wirkt er auf andere Menschen eher distanziert, sachlich und manchmal altklug. Sich anzupassen, ist nicht sein Weg, sondern, vehement die eigene Meinung zu vertreten und das für ihn geltende Rechtsverständnis durchzusetzen.

Flügel

Bei Typ 1 des Enneagramms gibt es die Flügelvarianten zu Typ 9 und Typ 2.

Tendiert „der Reformer" eher zu Flügeltyp 9 („der Friedliebende"), neigt er dazu, in Konfliktsituationen sehr zurückhaltend zu agieren und eher seine introvertierte Seite zu leben. Das stille Beobachten und objektive Urteilen entspricht ihm mehr, als sich in Diskussionen und Streitigkeiten zu verstricken. Aufgrund seiner Introvertiertheit liebt er es, zurückgezogen zu leben und zu arbeiten. Soziale Interaktionen hält er eher begrenzt und ist emotional distanziert. Das macht ihn besonders empfänglich für

Tiere, die Natur und Kunst. Wen er in sein Leben lässt, unterstützt er als bester Freund, auf den man sich immer verlassen kann. Allgemein ist er anderen gegenüber nachsichtiger und zurückhaltender mit Kritik, die dem Perfektionisten ja eigentlich sehr nahesteht. Der Einfluss des neuner Flügels lässt ihn auch etwas entspannter agieren und wohlüberlegt abwägen, welche Entscheidungen getroffen werden sollen. Allgemein kann er sich empathischer in sich selbst und andere hineinversetzen. So verbirgt sich auch der Zorn etwas mehr im Inneren und wird meist nur dann aufblitzen, wenn durch ihn ironische, spitze Bemerkungen fallen oder bockig die Tür lauter geschlossen wird als sonst.

Besteht eher eine Tendenz zu Flügeltyp 2 im Enneagramm, wird das Bestreben, vor anderen besonders gut dazustehen, noch stärker befeuert. Enneagrammtyp 2 ist „der Helfer", der Typ 1 mehr menschliche Wärme und Emotionalität verleiht. Da seine Mitmenschen ihm wichtig sind, kann er sich ihnen gegenüber auch leichter öffnen und nimmt mehr an zwischenmenschlichen Situationen teil, anstatt sie nur zu beobachten. Flügeltyp 2 verleiht dem „Reformer" mehr Toleranz und Interesse am Gegenüber, weshalb er auch Interesse an Heil- und Lehrberufen zeigt. Er möchte sich für andere einsetzen und ihnen helfen, sich selbst und ihre Bedingungen zu verbessern. Wenn dem „Reformer" mit Tendenz zu Typ 2 etwas nicht passt, wird er es verbal äußern und darauf hinweisen, dass seine Hilfe wichtig und wertvoll ist. Befindet er sich noch in einem unreifen Stadium, können andere leicht das Gefühl bekommen, sie werden von ihm manipuliert oder von oben herab abgewertet. Reift er jedoch in seinen Charaktereigenschaften heran, setzt er sich mit Herz und Verstand am Guten orientiert und unter Einbezug ihrer Ansichten und Vorschläge für andere ein.

Beziehungen

In Beziehungen kann „der Reformer" sich nur wenig fallen lassen, da er ständig Angst hat, von seinem Partner aufgrund seiner Mängel nicht mehr geliebt zu werden. Jede noch so kleine Kritik an ihm ist eine enorme Zurückweisung, sodass sich Wut und Zorn durch ein Kritisieren des Partners entladen. Hier beginnt der Kreislauf des sich gegenseitigen Kritisierens und zunehmender Ablehnung, wenn er nicht erkennt, dass es vollkommen menschlich ist, gute und schlechte Eigenschaften zu haben und man sich, gerade in einer Liebesbeziehung, keine Rolle vorspielen muss. Bleibt der Fokus auf den eigenen Mängeln und denen des Partners, fallen etwaige Fehler sofort auf und werden beanstandet. Es entsteht geradezu ein Kontrollzwang, dem Partner seine Unzulänglichkeiten aufzuzeigen und von eigenen abzulenken.

Die große Lernaufgabe des „Reformers" besteht darin, zu lernen, sich in einer Beziehung fallen lassen zu können und die Unvollkommenheiten der Beziehung nicht so viel Aufmerksamkeit zu schenken, sondern sich stattdessen auf all die schönen und liebevollen Charaktermerkmale bei sich selbst und dem Partner zu fokussieren. Da die Energie immer der Aufmerksamkeit folgt, kann hier eine respektvolle und wertschätzende Liebesbeziehung entstehen.

Weil „der Reformer" in Arbeitsbeziehungen als sehr zuverlässig und motiviert gilt, können nur dann Probleme entstehen, wenn er das Gefühl hat, sein Arbeitsplatz wird seinen hohen Idealen nicht gerecht. Je strukturierter sein Arbeitsumfeld, umso besser für ihn. Berufe, die besonders viel Flexibilität erfordern und unvorhersehbare Veränderungen beinhalten, würden den „Reformer" eher unglücklich machen. Er ist dafür geboren, nach dem Höchsten zu streben und alle dabei zu unterstützen, das Gleiche zu tun. Daher fühlt er sich auch in Führungspositionen recht wohl.

Integration und Desintegration

Bei jedem Persönlichkeitstyp des Enneagramms besteht die Möglichkeit, mit fortschreitenden Erfahrungen und Reife die eigenen Anteile eher positiv oder negativ zu transformieren. Beim „Reformer" zeigt sich eine Integration dadurch, dass er zwar kritisch, jedoch gerecht und milde handelt. Unreife „Reformer" hingegen zeigen sich besserwisserisch und intolerant anderen Meinungen gegenüber. Solange Typ 1 den Weg der Integration oder Desintegration noch nicht beschritten hat, folgt er stur seinem perfektionistischen und idealistischen Denken und Handeln.

Bei der Integration hilft ihm der Trostpunkt bei Enneagrammtyp 7. Es geht allgemein darum, mehr Leichtigkeit und Freude in das eigene Leben zu bringen, sich dem Schönen und Guten zuzuwenden. Der Fokus wird weg von der Mangelhaftigkeit hin zur Vollkommenheit gelenkt. Die eigenen Fehler und die anderer Menschen fordern nicht mehr ständige Verbesserung, sondern können auch als gegeben angenommen werden. Das erlöst den „Reformer" vom inneren Druck der ständigen Optimierung und Sorge. Er kann nun erkennen, dass sich manche Angelegenheiten auch von selbst lösen, wenn man ihnen genug Raum und Zeit dafür gibt. Diese Erkenntnis entlässt den „Reformer" ein Stück weit aus seiner Verantwortung, lässt ihn aufatmen und das Glück spüren – trotz der Unvollkommenheit der Welt. Der innere Kritiker, der sich als schlechtes Gewissen zeigt, wird ruhiger und sanfter. Der Blick wird mehr und mehr dafür geöffnet, dass das Leben viele Facetten hat und Disziplin und Perfektion in gesundem Maße auch neben Genuss und Freude existieren können. Spontaneität zieht immer mehr in das Leben des „Reformers" ein und schafft kreative Möglichkeiten, mit den täglichen Anforderungen umzugehen. Er gibt die Kontrolle mehr und mehr ab und öffnet das Korsett des Perfektionismus, um sich endlich aufgeschlossener, gelassener und bewusster am Leben zu erfreuen.

„Der Reformer" wendet sich seinem Stresspunkt (Typ 4) zu, wenn all seine Bemühungen um Perfektion nicht das gewünschte Ziel erreichen. All der Zorn über das Scheitern richtet er dann gegen sich selbst. Nicht selten beginnt sein komplettes Weltbild zu wackeln. All seine Ideale, Ansichten und Anstrengungen konnten ein Problem nicht lösen, also muss er einen Fehler gemacht haben. Er sucht die Schuld bei sich selbst, schämt und verurteilt sich für sein Versagen. Diese Enttäuschung kann den „Reformer" dermaßen aus der Bahn werfen, dass für ihn alles nur noch sinnlos erscheint. Anhaltende Schwarzsehereien bis hin zu schweren Depressionen können entstehen. In diesen Momenten des Scheiterns ist „der Reformer" extrem sensibel und möchte sich am liebsten von allen Aufgaben zurückziehen. Im Stresspunkt kann eine Abwärtsspirale des Selbsthasses beginnen. Da „der Reformer" jedes Problem lösen möchte und nur sich selbst in der Position sieht, dies auch zu können, führt ein Misserfolg zum Verlust seiner selbst, so stark hatte er sich mit seinem Projekt identifiziert. Es fällt ihm schwer zu verstehen, wie andere immer alles scheinbar mühelos schaffen, während er sich abrackert und trotzdem scheitert. Die Ungerechtigkeit, die er eigentlich bekämpfen möchte, spürt er nun am eigenen Leib.

Entwicklungschancen

Zusammenfassend kann man sagen, dass Enneagrammtyp 1, „der Reformer", die Chance hat, sich im Laufe seines Lebens immer mehr von dem Gedanken zu entfernen, Perfektion schaffen zu müssen. Letztendlich ist Perfektion eine Ansichtssache und ein von Menschen gemachtes Konstrukt, das eigentlich die Angst vorm Scheitern zu verbergen versucht.

Der Wert eines Menschen bemisst sich nicht an der Anzahl seiner Mängel, sondern ist unabhängig davon stets gegeben. Der „perfektionistische Reformer" entwickelt sich weiter, wenn er erkennt, dass Fehler etwas ganz und gar Menschliches sind und seine Liebenswürdigkeit nicht schmälern. Das bedeutet für ihn gleichzeitig, auch andere voller Toleranz und Offenherzigkeit mit ihren „Macken" annehmen und lieben zu können. Gelingt ihm diese Entwicklung, entfaltet er Gelassenheit, Geduld, Nachsichtigkeit und daher inneren Frieden. So wird er mit der Zeit merken, dass er auch mit mehr Leichtigkeit und weniger Anspannung durchs Leben gehen kann. Er beendet das Denken in Schubladen und kann erkennen, dass alle Meinungen und Lebensentwürfe Wege sind, die nebeneinander ohne Kampf und Konkurrenz existieren können. Schritt für Schritt stellt Typ 1 fest, dass das Leben nicht nur reine Pflichterfüllung ist, sondern dass es verschiedene Lebensoptionen gibt, denen er sich mit seiner Energie widmen kann. Er wird spontaner, kreativer und glücklicher auf seinem Lebensweg. Er findet immer mehr in eine Balance zwischen Prinzipien und Fairness, Pflichtbewusstsein und Leichtigkeit, Moral und Toleranz.

Enneagrammtyp 2 – der Helfer

Beim Enneagrammtyp „der Helfer" dreht sich alles um die anderen. Wie seine Bezeichnung bereits verrät, sieht er seine Hauptaufgabe darin, anderen helfend zur Seite zu stehen. Doch welche Rolle spielt er selbst in der Figur des immer Gebenden?

Allgemeine Beschreibung

„Der Helfer" möchte zwar andere gerne unterstützen, zieht aber auch gerade daraus seinen persönlichen Wert. So wird das Helfen nicht ganz selbstlos, denn sein Inneres verlangt nach dem Gefühl, von anderen gebraucht zu werden. Er sieht es als seine Pflicht an, anderen seine Liebe und Fürsorge zukommen zu lassen. Oft lässt er dafür alles andere stehen und liegen und stellt soziale Beziehungen an erste Stelle. Da ist es nicht verwunderlich, dass Enneagrammtyp 2 vor allem in sozialen Berufen anzutreffen ist.

Er liebt es, sich in der tugendhaften Rolle des Robin Hood zu sehen und sich selbstlos für andere einzusetzen. Obwohl „der Helfer" sehr stark von seiner Selbstlosigkeit überzeugt ist, erwartet er doch, wenn auch unbewusst, eine gewisse Wertschätzung für seine Hingabe. Bleibt diese Achtung seines Einsatzes aus, kann er seine Bedürfnisse durchaus zum Ausdruck bringen, verbal direkt oder über manipulatives Verhalten. Für Typ 2 ist das bewusste Einfordern einer Gegenleistung seinem Grundgedanken des Helfens nicht entgegenstehend. Seine guten Taten berechtigen ihn vielmehr dazu, dafür zumindest ein anerkennendes Wort erwarten zu dürfen. Bescheidenheit ist daher nicht unbedingt beim „Helfer" angezeigt.

Nachdem beim „Helfer" viel Energie in seine Mitmenschen fließt, kann ihn das selbst sehr energielos hinterlassen, bis hin zum Burnout. Da er immer geben will, stellt er eigene Bedürfnisse oft hinten an und versorgt erst alle anderen. Doch ohne eigene Kraft können auch andere nicht mehr bekräftigt werden, so die schmerzhafte Erkenntnis des „Helfers".

Der Enneagrammtyp 2 drückt sich z. B. durch folgende Aussagen aus:

- ▶ Ich bin ein sehr emotionaler Mensch.
- ▶ Anderen zu helfen, gibt mir ein gutes Gefühl.
- ▶ Ich verausgabe mich oft für andere.
- ▶ Andere können auf mich zählen.
- ▶ Ich kann schlecht Nein sagen, wenn mich jemand um Hilfe bittet.
- ▶ Menschen erzählen mir gerne von ihren Problemen.
- ▶ Meine eigenen Bedürfnisse kann ich schwer beschreiben.
- ▶ Ich versorge erst alle anderen, dann mich selbst.
- ▶ Es macht mich stolz, immer für andere da zu sein.
- ▶ Ich werde leicht ausgenutzt.
- ▶ Es ist ein schönes Gefühl, anderen wichtig zu sein.

In der Gegenwart eines „Helfers" zu sein, kann sich für viele Menschen sehr gut anfühlen, denn er schenkt die ungeteilte Aufmerksamkeit, ist warmherzig, aufgeschlossen und charmant. Seine Energie ist mitreißend und motivierend. Doch wie bereits dargelegt, zeigen sich Enneagrammtypen mit entsprechenden Lernaufgaben, die ihren Ursprung oft in schmerzhaften Erfahrungen in der Kindheit haben. „Der Helfer" hat für sich verinnerlicht, dass er anderen helfen muss, um selbst geliebt zu werden. Seine große Angst liegt demzufolge darin, keine Liebe zu bekommen und abgelehnt zu werden, was er durch sein helfendes Verhalten vermeiden möchte. Daher richtet er all seine Aufmerksamkeit und Fürsorge auf Menschen, die ihm nahestehen oder von denen er geliebt werden möchte. Infolgedessen vermeidet „der Helfer" zu zeigen, dass auch er selbst Bedürfnisse hat, die befriedigt werden wollen. Als möglicher Flügel des „Reformers", Typ 1 des Enneagramms, trägt auch er den Perfektionismus in sich, anderen das Selbstbild eines liebevollen, fürsorglichen Menschen zu präsentieren. Eigene Wünsche werden unterdrückt oder auf andere projiziert, was natürliche Enttäuschungen mit sich bringen kann. Doch welchen Antrieb hat „der Helfer", um dieses Bild von sich selbst zu zeichnen?

Leidenschaft: Stolz

Die Hauptleidenschaft des „Helfers" ist sein Stolz, der ihn in seiner Fürsorge und Aufopferung für andere antreibt. Er ist stolz darauf, anderen helfen zu können und dabei selbst nicht bedürftig zu sein. Doch der komplette Fokus auf andere, um Anerkennung und Liebe im Gegenzug zu erhalten, lässt ihn sich vom eigenen Selbst entfernen. „Helfer" brauchen die Bestätigung ihrer Mitmenschen, dass sie eine wichtige Rolle in ihrem Leben spielen, ihnen immer zur Seite stehen und für sie da sind. Das macht sie stolz. Gleichzeitig macht es den „Helfer" auch abhängig, abhängig von Menschen, denen er Gutes tun kann. Deshalb ist er ständig unterwegs, um z. B. so viele Freunde wie möglich zu treffen und kennenzulernen. Jede neue Person in seinem Leben bietet die Chance, sich geliebt zu fühlen, weil er hilft, wo er nur kann. Typ 2 hat es gelernt, Tonfall, Mimik, Gestik und Körpersprache seines Gegenübers genau zu deuten und ihm zu geben, was dieses braucht. Daher gilt dieser Persönlichkeitstyp als besonders feinfühlig und empathisch.

Der Stolz des „Helfers" lässt ihn auch sehr bescheiden wirken, wenn er nach außen hin kundtut, dass er eigentlich keine Gegenleistung für seine Hilfe erwartet. Doch innerlich wünscht er sich natürlich genau das, Worte und Gesten der Liebe und Dankbarkeit. Aus Stolz verzichtet er darauf, sich selbst als bedürftig darzustellen, verleugnet regelrecht, dass er etwas brauchen könnte. Der Stolz verblendet ihn dahingehend, dass die Bedürftigkeit anderer Menschen gar nicht so groß ist, wie er selbst denkt. Er fühlt sich unentbehrlich, obwohl das Gegenüber gar keine Hilfe erwartet oder sucht. An diesem Punkt kann Manipulation ins Spiel kommen, indem „der Helfer" versucht, andere von sich abhängig zu machen, und ihnen einredet, bestimmte Dinge nur durch seine Mithilfe erreichen zu können.

„Der Helfer" ist daher immer abhängig davon, ob er sich die Zuneigung anderer durch seine Hilfe erarbeitet hat oder nicht. Dabei ist er sich nicht immer sicher, ob es Liebe ist oder Höflichkeit. Das führt zu einigen Unsicherheiten und dem permanenten Mangelgefühl, nicht genug Bestätigung von anderen zu bekommen. Typ 2 verhält sich gezielt charmant und zuvorkommend, kleidet sich gerne ansprechend und gibt sich aufgeschlossen anderen gegenüber. Doch manche Menschen spüren die Maske, die getragen wird, um Wertschätzung und Aufmerksamkeit vom Gegenüber zu bekommen.

Selbst zu erkennen, dass man ausschließlich zum Zwecke des Nehmens seine Hilfe und Liebe gibt, kann sehr schmerzvoll, aber auch heilsam für Typ 2 sein. Diese Erkenntnis würde den „Helfer" aus seinem co-abhängigen Dasein befreien und zu einem wirklich selbstlosen und uneigennützigen Menschen werden lassen.

Instinktvarianten

Ist die selbsterhaltende Instinktvariante besonders ausgeprägt, widmet „der Helfer" all seine Aufmerksamkeit seinen Mitmenschen. Die Bedürfnisse anderer zu befriedigen, ist ihm wichtiger als die Befriedigung der eigenen. Und so bemüht er sich, die Wünsche anderer von ihren Augen abzulesen und zu erfüllen. Je mehr Typ 2 gibt, umso mehr kann er sein Selbstbild aufrechterhalten. Unbewusst wünscht er sich aus tiefstem Herzen, ebenso umsorgt und geliebt zu werden. Er gibt also, was er eigentlich selbst dringend bräuchte, um seine Bedürfnisse zu stillen. Seine Scham verbietet es ihm jedoch, überhaupt anzusprechen oder zu zeigen, bedürftig zu sein. Auch sein Stolz würde das nicht erlauben. Manchmal versucht „der Helfer" mittels zweideutiger Aussagen, Hinweise darauf zu geben, dass auch er gerne hätte, dass man sich liebevoll um ihn kümmert. Tatsächlich verletzt es ihn, wenn er merkt, dass andere ihn nicht wirklich wahrnehmen. Dann kann seine Hilfe für andere sehr herablassend werden, da die Hauptleidenschaft Stolz hervorbricht und sich zeigt. Wenn bemerkt wird, dass Typ 2 enttäuscht ist, können Schuldgefühle entstehen, dass man ihn nicht gesehen oder Gegenleistungen für seine Hilfe erbracht hat. „Der Helfer" rutscht somit in eine Opferrolle als der Arme, der immer allen gibt und selbst nichts erhält. Bei sehr unreifem Verhalten kann er dies sogar wütend und lautstark zum Ausdruck bringen.

Mit ausgeprägter sexueller Instinktvariante zeigt sich „der Helfer" selektiver in der Auswahl der Menschen, denen er seine Fürsorge zukommen lassen möchte. Diese versucht er jedoch zu intensivieren und zu perfektionieren so gut er kann. Grundsätzlich sucht er nach intensiven Beziehungen, in denen gegenseitige Wertschätzung und Unterstützung eine große Rolle spielen. Letztendlich verstärken sich bei dieser Instinktvariante die Eigenschaften, sodass er allgemein noch verführerischer, zugewandter, charmanter, aber auch manipulativer auftritt. Das kann für andere sehr vereinnahmend wirken, vor allem dann, wenn Typ 2 seine ganze Körpersprache einsetzt und auf Tuchfühlung geht. Das gute Gespür für Führungspersönlichkeiten lässt den „Helfer" direkt dort andocken, was nicht immer von Erfolg gekrönt ist. Oft möchte „der Helfer" Personen in sein Leben ziehen, die unerreichbar für ihn sind. Dabei kann er schon einmal sehr aufdringlich und fordernd vorgehen.

Mit erhöhter sozialer Instinktvariante möchte „der Helfer" besonders beliebt und anerkannt bei anderen Menschen sein. Durch seine Zuwendung will er eine bedeutende Rolle im Leben seiner auserwählten Personen spielen und ist daher besonders zuvorkommend, charmant, liebevoll und energetisch. Die soziale Anerkennung ist diesem Typ das Wichtigste, weswegen er viele soziale Verpflichtungen eingeht, um all seinen Kontakten gerecht werden zu können. Geschickt kann er die Fäden innerhalb von Gruppen ziehen, bringt die passenden Menschen zusammen und macht sich durch seine Leistungen unentbehrlich. Im Beruf unterstützt der „soziale Helfer" gerne Führungskräfte und traut sich selbst nur in diese Position, wenn Ablehnung ausgeschlossen oder zumindest abgewendet werden kann. In einem unreifen Zustand der sozialen Instinktvariante hat „der Helfer" zwar einen riesigen Freundeskreis kultiviert, ist aber nicht in der Lage, alle Bedürfnisse qualitativ abzudecken, sodass er unterm Strich sein Ziel, aufrichtig geliebt und umsorgt zu werden, nicht erreichen kann.

Flügel

Enneagrammtyp 2, „der Helfer", breitet seine Flügel zu Typ 1 („der Reformer") und Typ 3 („der Leistungsmensch") aus.

Ist der Flügel Richtung Enneagrammtyp 1 ausgeprägter, entsteht das große Bedürfnis, sich für sozial Schwächere einzusetzen. Die hohen ethischen Ideale des „Reformers" führen dazu, dass die ausgeprägte soziale Ader des „Helfers" für eine größere Sache eingesetzt wird, um diese Welt zu einem besseren Ort zu machen. Nach außen hin zeigt sich Typ 2 sehr bescheiden und teilweise unnahbar, weil die eigenen Gefühle nicht kommuniziert oder gezeigt werden. Er agiert lieber im Hintergrund, organisiert alles und macht so andere von seiner Leistung abhängig. Damit man ihn als zuverlässig und unentbehrlich erachtet, erledigt „der Helfer" alle Aufgaben besonders gewissenhaft und ordentlich. Es ist ihm aber auch wichtig, sich selbst und dem eigenen perfektionistischen Anspruch gerecht zu werden. Er sieht seine soziale Verantwortung und legt zur Not die eigenen Bedürfnisse auf Eis, um nicht als egoistisch zu gelten oder einem Vorhaben gar zu schaden. Enneagrammtypen 2 mit Flügel hin zu Typ 1 sind sehr gewissenhaft, zielgerichtet, ernst und ruhig. Sie stellen ihr Leben in den Kontext einer höheren Aufgabe, die sie zu erfüllen haben, um anderen Menschen eine positive Entwicklung zu ermöglichen. In einer unreifen Variante dieser Flügelvariation fühlen sich „Helfer" schnell ausgenutzt, wenn ihnen nicht die nötige Aufmerksamkeit entgegengebracht wird. Sie sehen ihr eigenes soziales Handeln als so wichtig an, dass sie regelrecht nach der nächsten Chance suchen, um ihre soziale Ader auszuleben. Dann kann es vorkommen, dass die Hilfeleistungen aufgedrückt und ungefragt Ratschläge erteilt werden, was andere Menschen eher Abstand nehmen lässt.

„Helfer" mit Tendenz zu Flügel 3 („der Leistungsmensch") sind besonders gesellig und wollen allen gleichviel Liebe und Aufmerksamkeit schenken, jeder soll sich wohl in ihrer Nähe fühlen. In sozialen Situationen kann Typ 2 sich besonders gut integrieren und Beziehungen aufbauen, denn das ist das Wichtigste in seinem Leben. Im Gegensatz zu Flügeltyp 1 steht dieser „Helfer" gerne im Mittelpunkt des Geschehens und genießt es, die Aufmerksamkeit anderer für sich zu gewinnen. Dafür gibt er sich besonders warmherzig, fröhlich und positiv gestimmt. Hier geht es nicht so sehr darum, die Fürsorge zur Verbesserung der Welt einzusetzen, sondern darum, die nahestehenden Menschen liebevoll zu umsorgen. Diese Flügelvariante strebt nach Erfolg und setzt sich beruflich dafür ein, in angesehenen Positionen zu arbeiten. Um gut bei anderen anzukommen, steckt „der Helfer" viel Energie in sein äußeres Erscheinungsbild. Allgemein ist ihm die Meinung anderer über ihn sehr wichtig. Ist „der Helfer" dieser Flügelkombination noch in einer unreifen Entwicklungsphase, kann er durchaus manipulativ und sogar aggressiv werden, um zu bekommen, was ihm seiner Meinung nach zusteht.

Beziehungen

Das besondere an Typ 2 in Beziehungen ist, dass er offen und gerne über seine Gefühle sprechen kann. Gerade in Liebesdingen will er zum Ausdruck bringen, was er im Herzen fühlt. Daher liebt er tiefe und innige Verbindungen und fühlt sich stark mit seinem Partner vereinigt. Aufgrund der großen Empathiefähigkeit kann es vorkommen, dass Typ 2 stark fühlt und so auch ausdrückt, was sein gegenüber empfindet. Das lenkt ihn jedoch weg davon zu erkennen, was er selbst für Gefühle in sich trägt. Partner fühlen sich in der Beziehung wohl, weil „Helfer" ihnen die Wünsche von den Augen ablesen und ihnen Wertschätzung entgegenbringen. Gefährlich kann das für diesen Enneagrammtyp werden, wenn er an einen Partner gerät, der seine Liebe nur konsumiert, aber selbst nicht gibt. Eine weitere Schwierigkeit in Liebesbeziehungen kann in der Manipulation liegen, die „der Helfer" bisweilen anwendet, um die nötige Liebe seines Gegenübers zu erhalten, z. B., wenn er zu sehr klammert und den Partner dadurch überfordert. Doch auch Typ 2 wird nach einiger Zeit stutzig, wenn in einer Beziehung nur wenig oder gar nichts zurückkommt, verlässt diese oder wird gehörig rebellieren, um zu bekommen, was er sich am meisten wünscht: Liebe.

In beruflicher Hinsicht ist „der Helfer" besonders aktiv in sozialen Berufen oder assistiert der Geschäftsleitung. Durch seine soziale Kompetenz sorgt er für gute Stimmung am Arbeitsplatz und repräsentiert sein Unternehmen gerne positiv nach außen. Aufpassen sollte Typ 2 jedoch, sich nicht zu sehr in Tratsch und Lästerei zu verlieren, was aufgrund seiner geselligen Art durchaus ein Thema sein kann.

Integration und Desintegration

Der helfende Trostpunkt für die Integration liegt bei Enneagrammtyp 4, dem „Individualisten". Wendet sich „der Helfer" seinem Trostpunkt zu, kann es ihm helfen, eigene Gefühle und Bedürfnisse besser wahrzunehmen. Er erkennt seinen eigenen Wert mehr aus sich selbst heraus als durch die Bestätigung anderer Menschen. Da „der Individualist" sich überwiegend um sich und seine Innenwelt kümmert, stellt er einen ausgleichenden Gegenpol zu Typ 2 dar, der sich hauptsächlich um das Wohlergehen anderer sorgt. Die Lernaufgabe besteht darin, die eigenen Bedürfnisse wahrzunehmen und zu stillen, ohne dabei von anderen abhängig zu sein. Bisweilen kann dies für den „Helfer" ängstigend und erschreckend wirken, da beim Blick nach innen auch Gefühle zum Vorschein kommen, die er lange verdrängt hatte. Schafft er es, diese ebenso anzunehmen und liebevoll zu versorgen, wie er es eigentlich mit seinen Mitmenschen macht, erkennt er immer mehr sein wahres Selbst und lernt, es zu lieben. Dann kann er seinen Stolz ablegen, den er aufgrund seiner Uneigennützigkeit spürt. Sich selbst zu lieben und alle Facetten zu akzeptieren, die sich hier zeigen wollen, ist kein egoistischer Akt, sondern ein Weg zur eigenen Befreiung.

„Der Helfer" sieht sich in seinem Trostpunkt zum ersten Mal „nackt", ein Seelenstriptease, der alle Charaktereigenschaften durchleuchten möchte. Wut, Bedürftigkeit, Eitelkeiten, Egozentrik ... alles kommt auf den Tisch der Tatsachen und führt zu so einigen Aha-Momenten: „So bin ich also wirklich?" Es ist der Weg zu mehr Authentizität, den Typ 2 jetzt geht und wodurch er sensibler für sich selbst und andere wird. Er beginnt, Grenzen zu setzen, die er vorher permanent überschritten hat, seine eigenen und die der anderen. Wenn die Liebe aus einem selbst herausfließt, ist es nicht mehr nötig, sie durch permanente Anbindung an andere zu erhalten. Ein großer innerer Druck kann vom „Helfer" abfallen, wenn er merkt, dass er nicht mehr die Bestätigung und Gefühle anderer konsumiert, sondern aus sich heraus genährt wird. Das Alleinsein verliert seinen Schrecken und seine Beziehungen werden authentisch und tief. Das Geben von Hilfe, Unterstützung und Wertschätzung erfolgt ohne Hintergedanken und Erwartungen, was ihm im Gegenzug wahre, authentische Liebe entgegenbringt.

Enneagrammtyp 2 ist es gewohnt, sich seine Anerkennung und Wertschätzung über seine Mitmenschen zu holen. Seine Selbstlosigkeit und Fürsorglichkeit machen ihn stolz. Askese ist etwas, das er begrüßt, will er doch anderen gegenüber als bedürfnislos erscheinen. Bleibt die Resonanz bei anderen aus, fühlt „der Helfer" sich leer und ungeliebt. In solchen Situationen wendet er sich seinem Stresspunkt zu, Typ 8 des Enneagramms, „der Herausfordernde". Diese Persönlichkeit schöpft seine Kraft aus seiner Maßlosigkeit, hat er doch immer Angst, im Leben zu kurz zu kommen. Dies zeigt sich beim „Helfer" dadurch, dass er beginnt, sich noch mehr für andere einzusetzen, sich noch mehr um andere zu bemühen und gleichzeitig seine eigenen Bedürfnisse und Gefühle noch mehr zurückzuschrauben. Typ 2 beginnt, seinen Schützlingen mitzuteilen, wie sehr er sich doch für sie einsetzt, begibt sich offenkundig in die Opferrolle des Märtyrers. Zeigen seine Mitmenschen auch darauf keine gefühlsmäßige Gegenleistung, fühlt sich „der Helfer" ausgenutzt und abgewiesen. Sein Charakter kann sich ändern von liebenswert unterstützend zu angriffslustig verletzend. Nun ist er entschlossen, sein Recht einzufordern. Da er es nicht gelernt hat, seine Wut offenkundig auszudrücken, versucht „der

Helfer" es oft über subtile Wege wie Ironie, spitze Bemerkungen und Lästereien. Ein insgeheimer Rachefeldzug auf Beziehungsebene beginnt.

Entwicklungschancen

Die Entwicklungschancen für den „Helfer" zeigen sich in der stetig wachsenden Selbstliebe, die erwacht, wenn erkannt wird, dass er um seiner selbst willen geliebt wird und nicht aufgrund seiner guten Taten für andere, wenn er akzeptiert, dass er nicht allen Menschen helfen kann und muss, sondern sich auch um sich selbst kümmern darf. Diese Entwicklungen können stattfinden, wenn Typ 2 ehrlich zu sich selbst ist und sein uneigennütziges Helfen als eigentlich ziemlich eigennützig „entlarvt". Es ist sicherlich nicht einfach, sich das einzugestehen, dennoch ist das Geschenk der Unabhängigkeit und Authentizität ein großes, das „der Helfer" sich selbst machen kann. Die eigenen Gefühle zu beobachten und aktiv für sich selbst einzustehen und zu handeln, erhält immer mehr Wert, als reaktiv auf die Gefühle anderer zu reagieren und eine Helferrolle zu spielen. Sich mit sich selbst auseinanderzusetzen, lehrt Enneagrammtyp 2, in für ihn stressigen Situationen nicht mehr den Stresspunkt 8 aufzusuchen und aggressiv auf Ablehnung zu reagieren, denn er kann sich seine Wertschätzung nun selbst geben.

Seine Hauptleidenschaft Stolz überwindet er, indem er erfährt, was Demut bedeutet. Demütig kann „der Helfer" erkennen, dass auch er von Zeit zu Zeit Hilfe benötigt und diese, auch ohne Gegenleistung, von seinen Mitmenschen empfangen darf. Ja, er darf sogar um diese Unterstützung aktiv bitten und zeigen, dass auch er wichtige Anliegen hat. In Demut erkennt er ebenfalls, dass er nicht ehrlich zu sich selbst war, wenn er sich als uneigennütziger Helfer gezeigt hat. Mit dieser Erkenntnis bekommt seine Hilfe eine ganz andere Qualität, denn er unterstützt jetzt aus der eigenen Fülle heraus andere Menschen. Es wird ihm auch möglich, einmal Nein zu anderen zu sagen, ohne Angst haben zu müssen, nun nicht mehr geliebt zu werden. Typ 2 kann sein Selbstbewusstsein immer mehr aufbauen und zeigen, dass ein hilfsbereiter Mensch durchaus auch an sich selbst denken sollte, um wirklich aus vollem Herzen geben zu können. Ein Zeichen, dass diese Entwicklungen fortschreiten, ist, wenn sich „der Helfer" nicht mehr darum bemüht, anderen Personen gefallen zu müssen. Dann ist das Band der Abhängigkeit durchtrennt.

Enneagrammtyp 3 – der Leistungsmensch

Wie die Bezeichnung dieser Enneagrammpersönlichkeit schon erahnen lässt, steht hier das Thema Leistung im Mittelpunkt, woraus Typ 3 seine Bestätigung zieht. Doch das alleinige Streben nach Erfolg kann seine Schattenseiten mit sich bringen.

Allgemeine Beschreibung

Wie würde sich Enneagrammtyp 3 selbst beschreiben?

- ▶ Ich möchte mein volles Potenzial ausschöpfen.
- ▶ Vergnügen muss man sich mit Arbeit verdienen.
- ▶ Ich möchte immer einen guten Eindruck bei anderen hinterlassen.
- ▶ Ich bin stets motiviert, meine gesteckten Ziele zu erreichen.
- ▶ Erfolg ist mir wichtig im Leben.
- ▶ Ich möchte finanziell abgesichert sein.
- ▶ Ich erzähle anderen gerne von meinen Erfolgen.
- ▶ Über Gefühle spreche ich nicht so gerne.
- ▶ Ich bin ein wahres Organisationstalent.
- ▶ Wenn andere mehr Erfolg haben als ich, spüre ich Neid.
- ▶ Ich arbeite gerne mehr, als es eigentlich nötig wäre.
- ▶ Meine Arbeit ist effizient.
- ▶ Ich kann andere gut von meinen Vorhaben überzeugen.
- ▶ Wenn ich ein Ziel erreicht habe, setze ich mir ein neues.
- ▶ Ich liebe es, wenn andere mich bewundern.
- ▶ Die Inkompetenz anderer stört mich.

„Der Leistungsmensch" liebt den Erfolg und erarbeitet ihn sich hart. Er liebt es, mit anderen zu konkurrieren und zum Schluss als Gewinner hervorzugehen. Seine Stärke ist es, sich auf das zu fokussieren, was er im Leben erreichen möchte. Dann leitet er alle nötigen Schritte dafür ein, dieses Ziel auch zu erreichen. Enneagrammtyp 3 kann sich dementsprechend gut nach außen hin verkaufen, tritt mit einem überzeugenden Selbstbewusstsein und Charisma auf. Andere Menschen bewundern den „Leistungsmenschen" wegen seiner Energie, die ihn befähigt, sich zielgerichtet hochzuarbeiten. In den Augen seiner Mitmenschen ist „der Leistungsmensch" lebensfroh, ehrgeizig und pragmatisch ausgerichtet. Doch wer hoch hinaus will, hat natürlich auch Angst vor dem Fall. Das Letzte, was Enneagrammtyp 3 möchte, ist, als Verlierer dazustehen und sich das eigene Scheitern eizugestehen.

Doch der Schein kann trügen. Da „der Leistungsmensch" gelernt hat, dass ein bestimmtes Image ihm Tür und Tor auf seinem Weg zum Erfolg öffnet, ist sein wahres Wesen nicht unbedingt das, was andere von ihm zu Gesicht bekommen. In Wahrheit schämt er sich für sein ursprüngliches Selbst und scheut intime Beziehungen, in denen er etwaige Erwartungen eventuell gar nicht erfüllen könnte. Nach außen hin zeigt sich Typ 3 als sehr liebenswert und gesellig, doch man hat immer das Gefühl, ihn doch nicht wirklich zu kennen. „Leistungsmenschen" geben sich gerne nahbar. Wenn es jedoch darauf ankommt und das Herz involviert ist, kann er diese Nähe schnell in Distanz verwandeln und bisweilen sogar narzisstische Züge an den Tag legen.

Um Erfolg zu haben und erfolgreich zu erscheinen, zwängt sich Typ 3 in ein Kostüm, das nicht selten von gesellschaftlichen Überzeugungen gefertigt wurde. So kann es sein, dass seine eigene Definition von Erfolg und Glück nicht übereinstimmt mit der Definition, die das Umfeld darlegt. Er passt sich an und ordnet sich unter. Letztendlich basiert sein Konstrukt des Lebens auf Oberflächlichkeit.

Leidenschaft: Täuschung

Dem „Leistungsmenschen" liegt die Leidenschaft Täuschung zugrunde. Andere Menschen nehmen ihn als besonders fleißig wahr und bewundern ihn für seine Fähigkeiten, seine Ausdauer und seinen Erfolg. „Vom Tellerwäscher zum Millionär" ist die Heldengeschichte, die Typ 3 seinen Anhängern gerne vermitteln möchte. Er pflegt sein Image des Erfolgreichen und täuscht damit darüber hinweg, wie es wirklich in ihm aussieht. „Leistungsmenschen" sind oft in Vorbildrollen für andere zu finden. Sie schaffen es, durch die Verwirklichung ihres eigenen Potenzials auch andere zu motivieren, das Gleiche zu tun. Sie möchten von anderen für ihre harte Arbeit und ihren Erfolg bewundert werden und speisen damit ihr Selbstwertgefühl. „Der Leistungsmensch" identifiziert sich so stark mit dem eigens erschaffenen Image, dass er gar nicht bemerkt, dass es nicht seinem wahren Wesen entspricht, was er nach außen hin darzustellen versucht. Die eigenen Gefühle und Interessen werden unterdrückt und angepasst, um das, was andere Personen Erfolg nennen, erreichen zu können. Die Entfremdung ist dem „Leistungsmensch" dabei oft gar nicht bewusst. Seine Selbstdarstellung dient dem Verkauf seiner selbst, auch wenn das bedeutet, andere und sich zu täuschen.

Typ 3 fühlt sich leer, wenn er doch einmal den Blick in sein Inneres wagt. Das permanente Vortäuschen einer Person, die er in Wirklichkeit gar nicht ist, führt dazu, sich selbst nicht mehr zu kennen.

So sehr erstellt er sich ein Idealbild, das den Erwartungen anderer gerecht werden soll. Die Maske, die „der Leistungsmensch" trägt, möchte er vor anderen natürlich nicht ablegen, zu groß ist die Gefahr, dass sie ihn dann ablehnen könnten oder gar sein Erfolg verschwinden würde. Eine entsprechende Distanz zu anderen Personen ist daher sein Mittel der Wahl, um die Täuschung aufrechterhalten zu können. Trotzdem braucht er seine „Fans" natürlich noch nah genug, um sie für sich einnehmen zu können. Wenn dem „Leistungsmenschen" jemandem zu nahe kommt, zieht er sich gerne zurück, seine Maske fest umklammert und nicht bereit, sie vor dem anderen abzulegen.

Instinktvarianten

„Der Leistungsmensch" befriedigt seine selbsterhaltende Instinktvariante damit, hart dafür zu arbeiten, damit ihm Sicherheit und Stabilität garantiert sind. Dabei konzentriert er sich vor allem auf seine Finanzen und managt diese so, dass er finanziell abgesichert durchs Leben gehen kann. Dies zeigt er auch gerne nach außen hin, z. B. durch luxuriöse Kleidung, namhafte Autos und ein geschmackvolles Ambiente in seinem Wohnraum. Seinen wirtschaftlichen Erfolg soll bitte auch jeder im Außen sehen können. Die Arbeit ist für ihn wichtig, da sie ihm Wert und Stabilität ermöglicht. Typ 3 zeigt sich in dieser Instinktvariante als wahrer Workaholic und von allen Persönlichkeitstypen am meisten von der eigenen Gefühlswelt abgeschnitten. Er legt seine Zuneigung dadurch dar, gemeinsam mit anderen gewisse Ziele erreichen zu wollen. Beim selbsterhaltenden „Leistungsmenschen" hängt sein persönliches Glück im Leben stark von seiner erbrachten wirtschaftlichen Leistung ab. Materieller Wohlstand soll dabei seine Grundangst, finanziell zu scheitern und nicht überleben zu können, besänftigen. Doch seine Existenzängste schwelen weiter in seinem Inneren, sodass er immer mehr anhäuft, um das Gefühl von Sicherheit zu spüren.

Diese Instinktvariante des „Leistungsmenschen" konkurriert vor allem mit sich selbst. Daher stellt er sich nach außen hin nicht ganz so schillernd dar, wirkt eher bodenständig auf andere Menschen. In seiner Arbeit kann er richtig aufgehen, arbeitet besonnen, effektiv und zielorientiert an seinen Projekten. Auch mit Arbeitskollegen, Mitarbeitern oder Vorgesetzten kann er sehr gut im Team zusammenarbeiten, um gemeinsame Ziele zu erreichen. Sein Selbstwert ist dann in großer Gefahr, wenn es beruflich nicht gut für ihn läuft. Die regelrechte Arbeitssucht lässt leider wenig Raum für persönliche Beziehungen, weswegen andere, die sich emotionale Nähe von ihm wünschen, oft leiden. Da alle anderen Bereiche in seinem Leben, außer die Arbeit, zurückstecken müssen, kann auch seine psychische und physische Gesundheit besonders darunter leiden.

Der sexuelle Instinkttyp des „Leistungsmenschen" sieht seine Schönheit und Ausstrahlung als Quelle der Zuneigung durch andere. Daher gilt es, das äußere Erscheinungsbild möglichst zu optimieren und in Topform zu halten. Dementsprechend fällt es dem „Leistungsmenschen" mit sexuellem Instinkttyp besonders einfach, erfolgreich zu sein auf Basis seines Charismas, seiner Sinnlichkeit und seiner Attraktivität. Das fordert ihn heraus, sein Image einem gewissen Schönheitsideal anzupassen. Da es sich hierbei um eine eher oberflächliche Wertschätzung durch andere handelt, kann die innere Leere immer größer werden. Man wird bewundert und gefeiert aufgrund des Aussehens, was aber an Intellekt und Emotion in einem stecken, ist eher nachrangig. Es ist eine ständige Suche nach der nächsten Inspiration, dem nächsten Kick, wie er sein Äußeres gekonnt in Szene setzen könnte. Um erfolgreich zu sein, muss sich „der Leistungsmensch" in dieser Rolle permanent in einem besonderen Licht präsentieren, das seinen Glanz und Glamour hervorhebt. Hinter dem Vorhang dieses Schauspiels kann sich jedoch viel Traurigkeit verbergen. Die Angst ist groß, nahestehende Personen könnten erkennen, dass die strahlende Schönheit nur eine Fassade ist, dass das Lächeln vorgetäuscht wird und die fröhliche Ausstrahlung aufgesetzt ist. So spielt Typ 3 selbst seinen Liebenspartnern diese Rolle vor. Kritik an seinem Äußeren verletzt ihn sehr und kann dazu führen, dass er in seiner gekränkten Eitelkeit entweder verzweifelt oder gar zornig reagiert. Um stets Bestätigung für seine Schönheit zu bekommen, möchte er so viele „Fans" wie möglich um sich scharen, immer mit gebotenem Abstand versteht sich.

Der soziale Typ 3 verlangt nach viel Aufmerksamkeit vom gesellschaftlichen Umfeld. Er strebt eine möglichst hohe Ausbildung an, sammelt Fortbildungen und Diplome, um sich wertvoll zu fühlen. Diese Nachweise zeigen anderen, wie hart er arbeitet und wie besonders intelligent er ist. Natürlich gefällt es Typ 3 mit sozialer Instinktvariante sehr, für diese Leistungen auch gewürdigt zu werden. Sein Ehrgeiz inspiriert andere und reißt sie mit, es ihm gleichzutun. Grundsätzlich ist dieser „Leistungsmensch" sehr anpassungsfähig in allen Arbeits- und Lebenssituationen. Sich in unbekannten Städten zurechtzufinden, eine neue Arbeit zu beginnen oder eine neue Freundschaftsclique aufzubauen, ist kein Problem für den sozialen Typ 3. Für jene Anpassungsleistung lernt „der Leistungsmensch" neue Art und Weisen der Kommunikation, kopiert das Sozialverhalten einer Gruppe oder kleidet sich entsprechend den Erwartungen. Es ist für diesen Persönlichkeitstyp sehr wichtig, sich mit ebenfalls erfolgreichen Menschen zu umgeben, zumindest was seiner Definition von Erfolg entspricht. Das Rampenlicht und die Selbstdarstellung sind seine tägliche Bühne, auf der er sich selbst verkauft und vermarktet. Soziale Medien werden hierbei gerne benutzt, um die eigenen Erfolge mit der Welt zu teilen. Der Selbstwert speist sich durch die vielen Komplimente und Bewunderungen, die als Echo folgen. In einem unreifen Stadium können „Leistungsmenschen" mit starkem sozialem Instinkt sehr angeberisch wirken und stehen häufig in Konkurrenzkampf mit anderen „Mitstreitern". Nicht selten kann es vorkommen, dass auch unfaire Wege gewählt werden, um diesen Kampf um Ruhm und Anerkennung für sich entscheiden zu können. Die bekannte „harte Schale" wird aufgebaut, die leider auch für die aufrichtige Liebe anderer immer undurchdringlicher wird.

Flügel

„Der Leistungsmensch" breitet seine Enneagrammflügel zu den Seiten Typ 2 („der Helfer") und Typ 4 („der Individualist") aus.

Ist der Flügel zu Typ 2 stärker ausgeprägt, steigert dies die soziale Kompetenz des „Leistungsmenschen", der ja auch von sich aus schon sehr aufgeschlossen für andere Menschen ist. Typ 3 genießt die Aufmerksamkeit und sticht als besonders kommunikativ und charismatisch aus einer Menschengruppe heraus. Im Gegensatz zum „Helfer" sucht „der Leistungsmensch" die soziale Anerkennung in der Öffentlichkeit, anstatt bei seinen ihm nahestehenden Personen. Diese Enneagrammtypen sind oft unter Schauspielern, Pressemitarbeitern, Verkäufern und Influencern zu finden. Besonders wichtig ist dem „Leistungsmenschen" mit Flügeltyp 2 seine Reichweite. Je mehr Menschen ihn bewundern, umso besser fühlt er sich. Dafür liefert er seinem Publikum durch gekonnte Selbstdarstellung auch das, wonach es sucht. Auf andere wirkt „der Leistungsmensch" dabei besonders freundlich, lebhaft, energetisch, großzügig und warmherzig. Der Einfluss von Typ 2, dem „Helfer", zeigt sich daran, dass er anderen gerne dazu verhelfen möchte, ebenso ihr Potenzial zu entfalten und in die Öffentlichkeit zu bringen. Typ 3 nährt seinen Selbstwert dadurch, dass andere Personen stolz auf ihn sind und dies auch zum Ausdruck bringen. In einem unreifen Stadium kann „der Leistungsmensch" mit Zweierflügel egoistisch und arrogant wirken. Die Täuschung anderer über sein wahres Wesen hinweg wird perfektioniert, um ja im rechten Rampenlicht zu stehen. Narzisstische Charakterzüge sind hierbei keine Seltenheit.

Bei ausgeprägtem Flügel zu Typ 4, dem „Individualisten", treffen zwei sehr gegensätzliche Bestrebungen aufeinander. Während „der Individualist" vor allem auf Authentizität bedacht ist, möchte „der Leistungsmensch" sich besonders anpassen, damit sein Äußeres für seine Bewunderer passt. Er präsentiert daher nach außen hin eine Person, die er innerlich eigentlich ablehnt, nur um Erfolg zu haben. Da sich bei Typ 4 die Aufmerksamkeit auch nach innen richtet, ist dieser Typ 3 eher introvertierter und überlegter in seinem Verhalten. Ihm ist es wichtig, dass seine Taten auch Sinnhaftigkeit haben und nicht nur an der Oberfläche kratzen. Daher bevorzugt „der Leistungsmensch" dieser Flügelvariante, eher im Bereich Soziales oder Kunst zu wirken. Seine Arbeit erfüllt ihn innerlich, wenn er hinter seinem Leistungsstreben auch einen gesellschaftlich relevanten Sinn erkennen kann. Sein Fokus steht auf stetiger Weiterentwicklung der Persönlichkeit und puscht sich dahingehend selbst, seine Arbeit immer wieder zu verbessern oder motivierender zu gestalten. Grundsätzlich zeigt sich „der Leistungsmensch" mit Viererflügel emotionaler, zurückgezogener und zurückhaltender. Das äußere Aussehen ist ihm zwar wichtig, wird jedoch nicht über die eigene Intelligenz gestellt. „Der Leistungsmensch" mit Flügeltyp 4 ist besonders ehrgeizig, weil er verhindern möchte, sich wegen eines Fehlers oder Versagens schämen zu müssen. Das Rampenlicht draußen interessiert diesen Typ 3 weniger, eher fordert er sich selbst auf, immer besser zu werden. Ein Konkurrenzkampf mit dem eigenen Selbst führt aber dazu, dass bei Versagen die ganze Last der Schuld auf ihnen selbst liegt, was ihnen Angst und Selbstzweifel bereiten kann.

Beziehungen

Die Schwierigkeit bei Beziehungen mit einem „Leistungsmenschen" besteht darin, dass der Zugang zur eigenen Gefühlswelt bei Typ 3 nicht so einfach ist. Hier gilt er von allen Enneagrammtypen tatsächlich als der emotional verschlossenste. Das ist jedoch nicht von Anfang an klar, denn beim Kennenlernen und Umwerben versteht es „der Leistungsmensch", sich von seiner besten Seite zu zeigen, und gewinnt für ihn interessante Menschen mit Charme und Leichtigkeit. Schwierigkeiten können dann auftreten, wenn die Beziehung bereits besteht und das Bild der perfekten Beziehung vor allem anderen Personen gegenüber und mit allen Mitteln aufrechterhalten werden muss. Da bei Typ 3 die Hauptleidenschaft die Täuschung ist, kann es vorkommen, dass dem eigenen Partner eine Rolle vorgespielt wird, weil die Situation gerade eine entsprechende Emotion benötigt, obwohl diese gar nicht gespürt und wirklich gelebt wird. Generell ist die Angst vor Zurückweisung durch den geliebten Partner sehr groß. Da „der Leistungsmensch" glaubt, für seine Leistung und für sein Äußeres geliebt und geachtet zu werden, denkt er, eine Schwäche würde Ablehnung nach sich ziehen. Die wird für den „Leistungsmenschen" besonders dann zur schwierigen Realität, wenn er mit bestimmten Eigenschaften beim Kennenlernen geprahlt hat, die er in Wahrheit in der Form nicht umsetzen kann. Er hat Angst, die eigene Täuschung könnte auffliegen.

Da „der Leistungsmensch" seinen Selbstwert auch aus den beruflichen Leistungen zieht, ist er oft mehr mit seiner Arbeit verheiratet als mit seinem Ehepartner. Vorwürfe wie „Deine Arbeit ist dir wichtiger als ich!" lassen im „Leistungsmenschen" zwar eine Ahnung von Wahrheit hochkommen, aber aufgrund seiner emotionalen Unbeholfenheit fällt es ihm schwer, empathisch und einfühlsam darauf zu reagieren bzw. etwas an der Situation zu ändern. Je nach persönlicher Reife des Typs 3, kann er sich in einer Liebesbeziehung auch sehr optimistisch, aufgeschlossen und unterstützend dem Partner gegenüber geben. Wenn „der Leistungsmensch" seine Entwicklungsmöglichkeiten integriert hat, wird es ihm sogar sehr wichtig sein, sich selbst und auch seinen Partner so authentisch wie möglich wahrzunehmen.

In Arbeitssituationen fällt es dem „Leistungsmenschen" leichter, zwischenmenschliche Beziehungen zu pflegen. Die Arbeit steht bei ihm an erster Stelle, weswegen er sich hier voll einbringt. Auch gilt er als recht anpassungsfähig, loyal und zielorientiert. Besonders in verkäuferischen Tätigkeiten sticht „der Leistungsmensch" hervor, da er eine große Überzeugungskraft besitzt. Wenn er sich einem Projekt verschreibt, wird er alles daransetzen, dass es erfolgreich wird. Seine Stärken liegen darin, andere von seinen Ideen zu überzeugen, diese besonders anschaulich darzustellen und die besten Kontakte in der Branche zu knüpfen.

Integration und Desintegration

Der Trostpunkt für Typ 3 liegt beim Enneagrammtyp 6, dem „Loyalen". Dadurch erhält er mehr Empathiefähigkeit und geht warmherziger mit seinen Mitmenschen um. Da sich „der Leistungsmensch" normalerweise sehr danach richtet, wie er im Außen ankommt, und sich dafür entsprechend anpassen muss, bringt ihm der Einfluss von Typ 6 einen festeren Standpunkt. Dadurch wirkt er verlässlicher und nahbarer auf andere. „Der Leistungsmensch" hat es nicht mehr nötig, sich und seine Arbeit ständig anzupreisen und zu bewerben. Mit einer neuen Gelassenheit erledigt er seine Aufgaben aus einer tiefen Überzeugung heraus. Es geht nicht mehr so sehr um den Nutzen, den er aus seinen Tätigkeiten ziehen kann, um erfolgreich zu sein, sondern um die Sache selbst. Da auch die Leidenschaft Täuschung zurückgeht, ist er ehrlicher zu sich selbst und anderen. Er integriert Schritt für Schritt ein soziales Gewissen, wodurch er auf ganz natürliche Art die aufrichtige Bewunderung anderer erhält, die er sich vorher durch Täuschung erworben hat.

Im Laufe der Integration wird sich „der Leistungsmensch" seiner Gefühle immer mehr gewahr und kann diese auch zum Ausdruck bringen. Dann kann er die Maske ablegen und sich auf tiefere Beziehungen einlassen, weil er auch seine eigenen Schwächen nicht mehr als Mangel ansieht und sie offen zeigen kann. Die innere Leere verschwindet und legt sein wahres, authentisches Selbst frei. Der Trostpunkt in Typ 6 beschert folglich einiges an innerem Wachstum, was sich auch in der Beziehungsfähigkeit zeigt. Der persönliche Erfolg steht nicht mehr ausschließlich im Fokus seines Lebens, sondern der gemeinsam erarbeitete Erfolg in Kooperation statt Konkurrenz.

„Der Leistungsmensch" ist grundsätzlich sehr darauf bedacht, sein Image aufrechtzuerhalten, um Wertschätzung und Anerkennung für seinen Erfolg zu bekommen. Wenn dies nicht der Fall ist, versucht er alles, um sich selbst und seine Arbeit wieder ins rechte Licht zu rücken. Wenn „der Leistungsmensch" merkt, dass seine Rollen nicht mehr funktionieren, bewegt er sich Richtung Stresspunkt Enneagrammtyp 9, „der Friedliebende". Dieser Persönlichkeitstyp tut sich eher schwer damit, Prioritäten zu setzen, was beim „Leistungsmenschen" zu Passivität, Unstrukturiertheit und Ineffizienz führen kann. Er wird alle möglichen Aufgaben erledigen, die ihn aber letztendlich nicht ans Ziel bringen. Aufkommende Sorgen und Ängste werden sofort weggedrückt, Emotionen nicht mehr zugelassen. Jetzt wird dem „Leistungsmenschen" klar, wie sehr er sich doch mit seinen Rollen identifiziert hat und was in der Tiefe wirklich bleibt. Die innere Leere nimmt ihren Raum ein. An diesem Punkt kann Typ 3 ausgebrannt und ohnmächtig zurückbleiben und keinen Antrieb mehr verspüren, sich wieder seinem persönlichen Erfolg zu widmen. Dieser Tiefpunkt könnte für den „Leistungsmenschen" aber auch zur Integration genutzt werden, wenn er aufgerüttelt und erschüttert von dieser Erfahrung sich seinem Innenleben zuwendet und erkennt, dass nicht seine Leistungen ihn liebenswert machen, sondern seine Authentizität als Mensch, der er in Wirklichkeit ist.

Entwicklungschancen

Im Zuge der Integration, kann der Enneagrammtyp 3 erkennen, dass sein Selbstwert sich nicht aus seinen Leistungen speist. Das kann ihm einiges an Last und Druck von den Schultern nehmen, da sein persönlicher Erfolg nicht mehr seine Wertschätzung ausmacht. Das Zulassen von Emotionen und Gefühlen zeigt Typ 3, dass diese Echtheit einen Menschen bestimmt und keine noch so gut gespielte Rolle der Welt diese ersetzen könnte. Erst wenn das Leistungsdenken abgekoppelt wird vom Selbstwert, fällt auch das Bedürfnis weg, sich seiner Erfolge zu rühmen, sich in den Mittelpunkt zu stellen, um Bewunderung dafür zu erhalten. Jetzt beginnt die Zeit, seinen Wünschen zu folgen und qualitative, tiefgreifende Beziehungen aufzubauen. „Der Leistungsmensch" kann anderen und auch sich selbst immer mehr vertrauen und wahre Nähe zulassen. Er wird sich nach wie vor Ziele setzen und sie verwirklichen wollen, doch ein Scheitern ist nicht mehr damit verbunden, sich ungeliebt zu fühlen. Der größte Entwicklungsschritt besteht für Typ 3 darin, mit anderen Menschen zu kooperieren und gemeinsam an einem Strang zu ziehen. Nun geht es nicht mehr um das eigene Image, sondern um das Ziel, das durch Zusammenarbeit erreicht werden soll. Für den „Leistungsmenschen" beginnt ein Leben in Freiheit, wenn er sich von seinem Bedürfnis loslöst, von anderen Menschen stetig anerkannt zu werden, und stattdessen selbstbestimmt durchs Leben geht. Sein Erfolg wird authentischer, sozialer und losgelöster vom eigenen Ego.

Enneagrammtyp 4 – der Individualist

„Der Individualist" hält besonders gerne Nabelschau und erforscht seine innere Welt mit Neugierde und Sehnsucht. Er ist permanent auf der Suche, aber nach was?

Allgemeine Beschreibung

Im Vergleich zu anderen Menschen fühlt sich Typ 4 des Enneagramms immer anders als alle anderen. Diese Andersartigkeit findet er einerseits sehr schön, da es ihm ein Gefühl der Besonderheit vermittelt, gleichzeitig ist es für ihn schwierig, sich zugehörig zu fühlen. Da er sich deutlich von der Masse abhebt und auch abheben will, glaubt er, bestimmte Geschenke des Lebens seien nicht für ihn bestimmt, und blickt sehnsüchtig und neidisch auf die Glückskinder da draußen, zu denen er aufgrund seiner Andersartigkeit wohl nicht gehört.

„Individualisten" sind sehr feinfühlig, was ihre eigenen Emotionen angeht. Ihre große Angst liegt darin, dass sie unvollkommen sind und ihr wahres Ich für andere mangelhaft erscheinen könnte, was wiederum zu Ablehnung führt. Es ist dem „Individualisten" besonders wichtig, dass ihm Wertschätzung für seine wahre Identität entgegengebracht wird. Aus Angst vor Zurückweisung zieht er sich zurück und ist eher ein introvertierter Mensch, der sich zur Aufgabe gemacht hat, sich selbst zu erforschen. Um diese komplexe innere Welt zum Ausdruck bringen zu können, wählt Typ 4 oft gestalterische Wege, z. B. das Schreiben, Musizieren, Malen und Zeichnen. Aufgrund seiner Sensibilität für die Ästhetik ist der Ausdruck seiner Eindrücke künstlerisch geprägt. Melancholische Gedanken und Gefühle sind in seinen Augen nichts Negatives, sondern lassen den „Individualisten" schwelgen und in seinen Sehnsüchten träumen. Die Erlösung aus seinem in sich versunkenen Dasein erwartet er von außen, damit Typ 4 aus seinem selbst erschaffenen Kokon als wunderschöner Schmetterling hervorgehen kann. Stressige Situationen können ihn wahrlich aus der Bahn werfen und in eine Depression stürzen. Die Intensität seiner Emotionen und Gefühle lässt nicht zu, dass er nach pragmatischen Lösungen für ein Problem sucht.

Folgende Aussagen können in einem Dialog mit Enneagrammtyp 4 vermehrt auftauchen:

- ▶ Ich bin gerne ein Rätsel für andere Menschen, das sie nicht so schnell durchschauen können.
- ▶ Es fällt mir schwer, den gegenwärtigen Moment zu genießen.
- ▶ Mit Kritik kann ich nur schwer umgehen und möchte mich am liebsten zurückziehen.
- ▶ Ich habe oft das Gefühl, dass mich niemand richtig versteht.
- ▶ Meine innere Welt kann ich über künstlerische Tätigkeiten am besten ausdrücken.
- ▶ Ich bin neugierig und fasziniert über außergewöhnliche Dinge und Phänomene.
- ▶ Melancholische Gedanken sind bei mir keine Seltenheit.
- ▶ Auch die Traurigkeit hat ihre schönen Seiten.
- ▶ Ich liebe es, mir schöne Dinge anzusehen.
- ▶ Meine Fantasie zeigt mir intensive innere Bilder und Szenen.
- ▶ Ich achte auf meine Intuition.
- ▶ In Menschengruppen fühle ich mich nicht zugehörig.
- ▶ Ich spüre eine starke Sehnsucht in mir.
- ▶ Regeln lehne ich ab, da sie meinen Selbstausdruck hindern.
- ▶ Meine Gefühle und Emotionen sind sehr tief.
- ▶ Ich mag es, anders zu sein als die anderen.

Leidenschaft: Neid

Die Grundleidenschaft, die den „Individualisten" in seinem Denken, Fühlen und Handeln beeinflusst, ist der Neid. Sein Bedürfnis, von anderen als besonders und einzigartig gesehen zu werden, ist groß. Ein Mangel in der Erfüllung dieser Wertschätzung durch andere regt in ihm den Neid anderen gegenüber. Da er sich nicht wirklich mit anderen Menschen in Tiefe verbunden fühlt, glaubt er, dass ihm nicht zustünde, was diese an Glück erhalten. Neidvoll und sehnsüchtig beobachtet er, wie es den Personen in seinem Fokus leicht gelingt, beruflich erfolgreich zu sein, perfekte Beziehungen zu führen und voller Freude das Leben zu leben. Das führt dazu, dass sich „der Individualist" noch mehr in sich vergräbt, um zu erkunden, wo denn dieser Mangel in ihm steckt, der dazu führt, dass seine Sehnsüchte nicht erfüllt werden.

Die eigene Identität ist Typ 4 vollkommen unklar und lässt ihn fortwährend auf der Suche sein. Er sehnt sich nach Erkenntnis und Stabilität, um sein wahres Wesen endlich frei leben zu können. „Individualisten" als Herztypen des Enneagramms führen ständig innere Dialoge, die ihnen die Antwort auf ihre Frage nach dem „Wer bin ich?" liefern sollen. Sie glauben fest daran, ihre Persönlichkeit in der Abgrenzung und im Vergleich zu ihren Mitmenschen erkennen zu können. Da Gefühle und Emotionen ständig schwanken, ist auch ihr Selbstbild ständig schwankend und Veränderungen unterlegen, was sie noch unsicherer macht. Die Identifikation mit ihrem Innenleben ist so stark, dass sie es für ihre wahre Identität halten.

Instinktvarianten

Die selbsterhaltende Instinktvariante des „Individualisten" ist besonders introvertiert und er frisst sein Leiden still in sich hinein. Er erfährt das Leben und seine Herausforderungen als Bürde, die er zu tragen hat. Nach außen hin wirkt Typ 4 mit Instinktvariante „selbsterhaltend" sehr bescheiden und angepasst. Seine Individualität lässt ihn eine Zerrissenheit spüren, die ihn einerseits zu Sicherheit ermahnt, andererseits eine Sehnsucht nach Freiheit spüren lässt. So möchte er z. B. finanzielle Sicherheit aufbauen und andererseits das Geld ausgeben, um ein besonderes Leben führen zu können. Das Leid, das er in sich spürt, trägt er nicht öffentlich nach außen. Er möchte seinen Schmerz aushalten und Leid ertragen können, was ihn als eine starke Persönlichkeit erscheinen lässt. Die Bewunderung dafür lässt ihn wiederum die Liebe anderer spüren. Das Leben des „Individualisten" im Selbsterhaltungsmodus gleicht einem Kampf, den er stoisch und mit Durchhaltevermögen gewinnen möchte. Daher ist es ihm sehr wichtig, sich all die Dinge, die er neidvoll bei anderen sieht, selbst zu erarbeiten. Seinen Neid anderen gegenüber würde er nie offenkundig zum Ausdruck bringen. Auch sein Schamgefühl und den Glauben, nicht richtig zu sein, kommuniziert er nicht offen nach außen. Die ständig anwesende innere Sehnsucht, diese Mängelzustände auszugleichen, lässt den „Individualisten" nie am Ziel ankommen. „Sieh, was ich alles aushalten kann, und liebe mich dafür!" ist seine stille Botschaft. Dies kann bisweilen eine sehr masochistische Vorgehensweise sein. Je mehr „der Individualist" aushalten und einstecken kann, umso stärker fühlt er sich. Dadurch wird die weiche und zerbrechliche Seite in ihm unterdrückt. Da „der Individualist" sich selbst eher als Außenseiter betrachtet, hegt er Sympathien zu Menschen, die ungerecht behandelt werden und ebenfalls eher als Außenseiter gelten. Er teilt seinen inneren Schmerz darüber mit ihnen.

„Der Individualist" mit sexueller Instinktvariante zeigt sich hingegen mehr nach außen hin und wirkt insgesamt selbstbewusster. Seine Emotionen und Gefühle kann er zeigen und durchaus intensiv ausleben. Da er seine eigene Psyche gut studiert hat, fällt es ihm leicht, auch die Gefühlswelt anderer wahrzunehmen. In seinem Mangelbewusstsein konkurriert er gerne mit anderen, um sich dadurch entweder selbst zu erheben oder zu erniedrigen. Die Grundleidenschaft Neid lässt den „Individualisten" mit sexueller Instinktvariante zu Menschen aufblicken, die in seinen Augen mit mehr Glück, Talent und Wohlstand gesegnet wurden. Dies kann in ihm einen regelrechten Wettkampf auslösen, um immer mithalten oder besser sein zu können, sich nicht minderwertig fühlen zu müssen. Da Typ 4 seine inneren Kämpfe eher nach außen trägt, können Dramen und Intrigen sein Weg sein, um seinen Druck abzulassen. Nicht selten hat „der Individualist" das Bestreben, eine Person in seinem Leben finden zu müssen, die ihm das Gefühl gibt, komplett zu sein. Da dieser Mensch dann wahlweise Qualitäten aufweist, die er sich für sich selbst wünscht, kann das Minderwertigkeitsgefühle hervorrufen und sogar Rivalitäten auslösen.

Die soziale Instinktvariante bei Typ 4 zeigt sich in besonderer Sensibilität und Tiefe. Auch dieser Typ leidet oft, doch versteckt er dieses nicht, in der Hoffnung, eine Bewunderung und ein Nachsehen bei anderen auslösen zu können. Sein großer Wunsch ist es eigentlich, bedingungslos geliebt zu werden, und er glaubt, ihm würde diese Liebe vor allem dann entgegengebracht, wenn er sich als Opfer der Umstände zeigt. Der sozial geprägte „Individualist" beendet sein Leiden nicht durch aktive Taten, sondern suhlt sich darin, verstärkt es sogar noch. Das Selbstwertgefühl des „Individualisten" in dieser Instinktvariante ist sehr niedrig angesetzt, weshalb alle anderen immer besser erscheinen. Das eigene Können und Wissen werden als mangelhaft bewertet und dargestellt. Selbst wenn er Zuspruch und Komplimente für seine Leistung erhält, gibt er sich kritisch und bescheiden, auch um den Neid anderer nicht anzuziehen. Da Typ 4 seine Innenwelt gut kennt, weiß er auch um seine Bedürfnisse und Wünsche, scheut sich aber, diese nach außen hin zu kommunizieren. Er spürt die dunkle Seite in ihm, aber unterdrückt sie, so gut er kann. Daher wirkt er auf andere sehr sanft, sensibel und schüchtern. In ihm schwelt das ständige Gefühl von Schuld, Scham und Traurigkeit, was ihn in die Isolation führt.

Flügel

„Der Individualist" besitzt die Flügelvarianten Typ 3 („der Leistungsmensch") und Typ 5 („der Forscher").

Bei Enneagrammtyp 4 mit ausgeprägtem Flügel Richtung „Leistungsmensch", wird die eigene Emotionalität zugunsten des guten Eindrucks bei anderen zurückgefahren. Das Erfolgsstreben veranlasst den „Individualisten" dazu, seine besten Leistungen abrufen zu wollen. Er setzt sich persönliche Ziele und arbeitet darauf hin, diese zu erreichen. Dabei ist es ihm wichtig, dass andere davon Notiz nehmen. Seine Individualität drückt er gerne durch seine Kleidung und kreative Arbeit aus. In Kombination mit Flügeltyp 3 zeigt sich „der Individualist" weniger introvertiert und genießt auch das gesellige Zusammensein mit anderen Menschen. Er zeigt gerne seine kreativen Werke in der Öffentlichkeit und möchte, dass diese einen positiven Eindruck hinterlassen. Der Außenwirkung wird generell viel Aufmerksamkeit geschenkt. „Der Individualist" zeigt sich in dieser Konstellation extrovertierter, was gleichzeitig bedeutet, dass er seine Innenwelt nicht komplett nach außen trägt, um sein Image nicht zu zerstören. Er möchte zwar bewundert, aber auf keinen Fall öffentlich bloßgestellt werden. „Der Individualist" mit Flügeltyp 3 tut so einiges dafür, um anderen zu gefallen und als kultiviert zu gelten. Dafür scheut er keine Mühen und auch kein Geld. Doch so, wie er sich selbst idealisiert, kann das auch für mögliche Partner gelten, die diesem Traumbild in der Realität jedoch nicht gerecht werden können.

Enneagrammtyp 5, „der Forscher", beeinflusst den „Individualisten" dahingehend, dass er sich schützend zurückziehen möchte, um seine Gefühle zu hüten. Er scheut die Öffentlichkeit, kann aber hervorragend beobachten, was in seiner Umgebung vor sich geht. Durch die tendenzielle Introvertiertheit erscheint Typ 4 mit Flügelvariante 5 mit besonderem, intellektuellem Tiefgang. Dieser „Individualist" würde sich nie verbiegen, um anderen zu gefallen oder anerkannt zu werden. Er richtet sich eher nach seinen eigenen Maßstäben aus, was ihn durchaus exzentrisch erscheinen lassen kann. Typ 4 genießt es, die eigene Seele zu erforschen, und staunt über die fantastischen Welten, die sich ihm hier auftun. Nach außen hin gibt er sich eher unauffällig und unkonventionell. Diese „Individualisten" sind besonders interessiert, z. B. an Kunst und

Philosophie, haben interessante Ideen, doch kommen weniger in die Umsetzung. Auf andere wirken „Individualisten" mit Flügelvariante 5 unnahbar, da sie unabhängig und zurückgezogen leben. Smalltalk ist so gar nicht ihr Ding, weshalb sie ihre Gesprächspartner gezielt auswählen. In einem unreifen Entwicklungsstadium kann die Fokussierung auf das Innenleben so weit gehen, dass sich „der Individualist" komplett von seiner Umwelt abkapselt und der Realität entfliehen möchte.

Beziehungen

„Individualisten" sind gerne in Beziehungen, da sie aufgrund ihrer ausgiebigen Innenschau auch ein gutes Gespür für die Emotionen des anderen haben können. So hört Typ 4 seinem Partner gerne zu, unterstützt ihn und tauscht sich auf Augenhöhe mit ihm aus. Ein „Individualist" mit entsprechend erlangter Reife und Integration kann ein besonders interessanter und zugewandter Lebensgefährte sein. Seine vielen kreativen Ideen und Zukunftsträume geben einer Beziehung eine ganz eigene Faszination. Er ist frei von Vorurteilen und schafft es, sich empathisch in die Lage des anderen hineinzuversetzen, da er selbst die hohen Bergspitzen und tiefen Täler der Gefühlswelt kennt. Typ 4 kann sich jedoch auch sehr in seiner Emotionalität verlieren und dadurch Beziehungsdramen kreieren, die es dann erst einmal zu verstehen und aufzulösen gilt. „Der Individualist" sollte nicht in die Falle tappen, seinen Partner zu sehr zu kritisieren, weil er ständig diese innere Sehnsucht nach einer bestimmten Erfüllung seiner Liebe spürt. Wenn der Geliebte oder die Geliebte sich daraufhin gekränkt zurückzieht oder gar die Beziehung beendet, merkt „der Individualist" plötzlich, was er an ihm bzw. ihr hatte. Jetzt wird die Sehnsucht nach dem Verlorenen wiederum groß und in der Abwesenheit des Partners sieht er nur noch das Gute, das er nun nicht mehr hat. Doch dieser Kreislauf ist nicht durchbrochen, sollte es zu einer Versöhnung kommen. Nach einiger Zeit wird sich das gleiche Spiel wiederholen. Es fällt dem „Individualisten" im noch unreifen Zustand oft schwer, den Fokus von seinen eigenen Gefühlen auf sein Gegenüber zu lenken, und er merkt so gar nicht, wenn sich die ganze Welt nur um sich selbst zu drehen scheint. Wenn man ihn darauf aufmerksam macht, reagiert er eher gereizt, blockiert und entzieht sich der Liebe oder klammert so stark am Partner, aus Angst ihn zu verlieren.

In seinem Beruf möchte sich „der Individualist" mit dem identifizieren, wofür er seine Energie und Leistung einbringt. Er wird keine Arbeit erledigen wollen, die nicht von einem tieferen Sinn und Kreativität geprägt ist. Es muss ihm möglich sein, sich ein Stück weit selbst in diesem Job verwirklichen, seiner Arbeit die eigene Nuance geben zu können. Gerade künstlerische und therapeutische Berufssparten locken den „Individualisten" an. Das Schlimmste wäre für ihn eine Arbeitsstelle, bei der er immer gleiche Abläufe zu erledigen hätte und es keinen Platz für seine Gefühlswelt gäbe. Er möchte sich nicht mit vielen kleinen Dingen aufhalten müssen, die in seinem Empfinden unsinnig sind. Typ 4 versteht sich gut mit Arbeitskollegen, Mitarbeitern oder Vorgesetzten, würde es aber bevorzugen, alleine für sich arbeiten zu können.

Integration und Desintegration

Dass sich „der Individualist" immer gerade nach dem sehnt, was er in diesem Moment nicht hat oder nicht haben kann, ist ein Ausdruck seiner Grundleidenschaft Neid. Wenn er die Position der Dankbarkeit einnimmt, für all das, was er bereits besitzt, und so seinen Fokus auf die Fülle legt, würde er erkennen, wie reich er bereits jetzt schon ist. Auf dem Weg zur Integration ist für Typ 4 besonders wichtig, aus dem Kreislauf der Innenschau herauszutreten und sich selbst auf einer Metaebene, mit mehr Distanz, zu beobachten. Nicht im Sinne eines inneren Kritikers, sondern auf eine einfühlsame und liebevolle Art und Weise. Daraus kann die Erkenntnis erwachsen, dass er seine Identität aus seinen Gefühlen und Emotionen aufbaut.

Der Trostpunkt des „Individualisten" liegt bei Enneagrammtyp 1, dem „Reformer". Dieser Einfluss hilft ihm, die Dinge nicht mehr ausschließlich subjektiv zu betrachten, sondern pragmatischer und objektiver vorzugehen. „Der Individualist" macht sich nun auf den Weg vom Fühlen ins Handeln und geht sein Leiden aktiv an, indem er praktische Wege findet, Missstände zu beheben. Es ist ein Lernprozess für ihn, Eigenschaften wie Fleiß, Durchhaltevermögen und Disziplin zu kultivieren. Normalerweise tendiert Typ 4 zur Flucht, wenn etwas nicht so klappt, wie er sich das vorstellt. Auf dem Weg der Integration lernt er immer mehr, diesem Fluchtimpuls zu widerstehen und gefühlsmäßig mehr Abstand von bestimmten Ereignissen zu erlangen. Wo er sich vorher selbst für seine Situation bemitleidete, und in die Opferhaltung ging, kann jetzt die nötige Selbstdisziplin helfen, sich emotional nicht mehr so stark verwickeln zu lassen. Mehr Sachlichkeit tut dem „Individualisten" gut und lenkt seine Aufmerksamkeit mehr darauf, was andere Menschen gerade brauchen, anstatt nur sehnsüchtig in seinen eigenen Bedürfnissen zu schwelgen. Besonders hilfreich kann es für Typ 4 sein, regelmäßige Routinen und Strukturen in den Tagesablauf zu integrieren. Die objektivere Betrachtung seiner selbst kann dem „Individualisten" zu mehr Authentizität verhelfen. So überwindet er das

Gefühl der Trennung von anderen Menschen und dem Gefühl, anders oder besonders zu sein. Integration bedeutet für Enneagrammtyp 4 daher, zunehmend im gegenwärtigen Moment zu leben, statt seine Gedanken voller Sehnsucht in die Vergangenheit oder Zukunft zu schicken und darunter zu leiden. Die starke Emotionalität des „Individualisten" wird für ihn eine Qualität darstellen, die er unterstützend für andere einsetzen kann, aber sie wird ihm selbst nicht mehr zum Gefängnis.

Bewegt sich „der Individualist" Richtung Stresspunkt (Typ 2, „der Helfer"), wurde ihm nicht gezeigt, dass seine Besonderheit wertgeschätzt wird. Die Ablehnung seiner Einzigartigkeit empfindet er als enorme Kritik. Weitere Auslöser, sich zum Stresspunkt hinzubewegen, wären, wenn er eine geliebte Person verliert oder in einer Menschengruppe keine Beachtung findet. Es entsteht enormer innerer Druck, den er auszuhalten versucht, doch übermannt er ihn, stürzt das den „Individualisten" in tiefe Traurigkeit. Sein Gefühl der Abtrennung von anderen und des Alleinseins wird immer stärker. Er flüchtet sich in seine Innenwelt und entzieht sich der Realität, die seinen Schmerz triggert. Die eigene Identität wird für ihn in diesem Stadium immer schwammiger und nicht mehr greifbar. Die Sehnsucht nach einem Erlöser/einer Erlöserin wird größer.

Ist „der Individualist" in einer Partnerschaft, sehnt er sich stark nach Fürsorge und Liebe, neigt zum Klammern und möchte signalisieren, dass er unentbehrlich für den anderen ist. Im unreifen, desintegrierten Zustand kann Typ 4 dazu neigen, seinen Partner zu manipulieren, um ihn in einer Abhängigkeit zu halten. Wenn er die Zuwendung nicht bekommt, versucht er, seinem Gegenüber Schuldgefühle einzureden. Er ist so sehr in seiner Opferrolle gefangen, dass er regelrecht um Mitleid bettelt. Dem „Individualisten" fällt es schwer, auf sein Gegenüber zuzugehen, da er sich so sehr in seiner Abhängigkeit und Bedürftigkeit befindet. Er nimmt diese eigene Abhängigkeit wahr, zeigt sie ihm doch seine Mängel auf. Dadurch beginnt er, seinen Partner abzulehnen, denn er drückt in diesem Stadium all seine Triggerpunkte, sich minderwertig zu fühlen, was wiederum den eigenen Selbsthass schürt.

Entwicklungschancen

„Der Individualist" hat bereits in der Kindheit Schwierigkeiten, seine eigene Identität auszubilden, wodurch der Grundstein für die Leidenschaft Neid in seinem Leben gelegt wird. Sein Fokus liegt immer auf dem, was ihm fehlt, und darunter leidet er, unternimmt aber auch nichts dagegen. Seine Entwicklungschancen liegen darin, zu erkennen, dass er vollständig, verbunden und geliebt ist, auch wenn ihm seine Gefühle das Gegenteil suggerieren. Typ 4 kann einen deutlichen Entwicklungsschritt nach vorne machen, wenn er beginnt, in der Gegenwart zu leben und sich loslöst vom Vergangenen und der Zukunftsfantasie. Es kann der Punkt im Leben kommen, wo „der Individualist" sich nicht mehr im Kreis seiner eigenen Emotionen drehen will und das eigene Drama durchschaut. Er kann sich selbst mit Distanz betrachten und das Leben mit Freude begehen. Der Weg zur emotionalen Freiheit beginnt für ihn, wenn er sein Glück auch in den kleinen Dingen des Alltags sehen und schätzen kann. Es dürstet ihn nicht mehr so sehr nach dem intensiven Ausleben seiner Emotionen. Die Identifizierung mit den eigenen Gefühlen nimmt ab und er kann sich mehr auf das Handeln in der Welt konzentrieren.

Was kann er der Welt Wichtiges geben? Wo kann er unterstützen? Welche Tätigkeit erfüllt ihn mit Sinnhaftigkeit? Ein Schlüssel dafür wird die Schulung in Selbstdisziplin sein, um sich nicht erneut in Gefühlswallungen und emotionalen Dramen zu verfangen. Der Weg geht demnach von innen nach außen. Das Leben möchte gelebt werden und nicht fantasievoll auf eine innere Leinwand projiziert werden, wo weitere Sehnsüchte geschürt werden. Dies hat auch Auswirkungen auf die Beziehungsqualität, da andere Menschen ihn nicht mehr erlösen müssen durch ihr Mitleid und ihre Fürsorge. Dabei geht es darum, dass Typ 4 seine Sensitivität nicht verleugnet, sondern sie im Gegenteil als Stärke anerkennt und für andere einsetzen kann. Die Welt dreht sich nicht mehr allein um seine Innenwelt, sondern es entsteht ein wahres Interesse an anderen Menschen, bei dem die eigenen Befindlichkeiten außen vor bleiben. Wenn „der Individualist" in seinem Leben den Fokus mehr auf die Realität als auf seine Seelenwelt richtet, beginnt seine Integration und damit positive Entwicklung. Er nimmt sich so an, wie er ist, und lernt, mit der realen Welt umzugehen und sich für das Wohl anderer einzusetzen. Dann löst sich auch das Gefühl auf, anders zu sein als die anderen. „Der Individualist" beginnt, sich im anderen wiederzuerkennen, und stellt eine Verbindung her. Die Identitätssuche findet ihr Ende, wenn „der Individualist" merkt, dass er diese nicht formen muss, sondern sie sich zeigt, wenn er sich in der Welt verwirklicht.

Enneagrammtyp 5 – der Forscher

„Der Forscher", auch zurückgezogener Beobachter genannt, ist der fünfte Persönlichkeitstyp im Enneagramm. Generell hält er sich eher im Hintergrund, denn das Leben wirkt bisweilen furchteinflößend auf ihn.

Allgemeine Beschreibung

Das Leben an sich erweckt in Typ 5 eine Angst, diesem in seiner Komplexität nicht standhalten zu können. Daher möchte er ihm am liebsten entfliehen und sich in die Sicherheit seines Denkens zurückziehen. Dieses ist für ihn greifbar, verständlich und trainierbar, sodass er sich darüber auf die Situationen im Leben gedanklich vorbereiten kann. Daher verbringt „der Forscher" viel Zeit damit, sich intellektuell weiterzubilden, sich zu belesen und die Welt vor allem geistig durchdringen zu wollen. Er zeigt großes Interesse an Kunst, Geisteswissenschaften und Naturwissenschaften. Sich in den eigenen Geist fallen lassen zu können, gibt ihm Sicherheit, sodass er seinen Standpunkt auch auf dieser Basis vertritt und ungerne davon abweicht, um anderen eventuell gefallen zu können. Anderen nach dem Mund zu reden, ist nicht sein Ding, und die Freiheit seiner Gedanken unantastbar. Zweifel an seinem Wissen wären für ihn eine Bloßstellung und direkte Kritik. Da er sehr sensibel ist, versucht er, sich der Welt gegenüber eine harte Schale anzueignen und eine gewisse Gleichgültigkeit an den

Tag zu legen. Er möchte unabhängig sein von anderen Menschen und sich nicht so sehr mit Gefühlsduseleien auseinandersetzen. Folgende, eher rationale Aussagen, könnten daher von Enneagrammtyp 5 kommen:

- Ich plane genau, wofür ich meine Zeit opfere.
- Ein Thema ist für mich erst ausgereizt, wenn ich Experte darin bin.
- Gesellschaftliche Verpflichtungen nehme ich ungern wahr.
- Ich möchte immer gut informiert sein.
- Es bereitet mir Freude, intensiv über ein bestimmtes Thema nachzudenken.
- Ich bin gerne der schweigsame Beobachter, statt im Rampenlicht zu stehen.
- In einer Gruppe von Menschen bin ich eher unauffällig.
- Bevor ich eine Entscheidung treffe, denke ich ausführlich darüber nach.
- Es fällt mir leichter, über Gedanken zu sprechen als über meine Gefühle.
- Ich lasse mich ungerne von anderen Menschen beeinflussen.
- Ich sorge für mich selbst.
- Über Probleme spreche ich nicht gerne.
- Ich unterhalte mich gerne mit anderen Experten.
- Ich habe meistens/immer recht.
- Ich fühle mich gut, wenn ich mehr weiß als andere.
- Mein Wissen ist mein Kapital.
- Smalltalk ist nicht mein Ding.
- Probleme löse ich durch Nachdenken.

Bisweilen können andere Personen den „Forscher" als sehr arrogant bezüglich seines Wissens wahrnehmen. Damit versucht er aber eher, seine soziale Unsicherheit zu überspielen. Denn nichts ist für den „Forscher" schwieriger, als die eigene Gefühlswelt wahrzunehmen und sich adäquat auszudrücken. In zwischenmenschlichen Beziehungen wirkt er daher etwas unbeholfen. Wenn er seinen Zugang findet und ein Gegenüber, das hinter diese Unsicherheit blickt und seinen Wesenskern erkennt, ist „der Forscher" allerdings eine treue Seele und ein unterstützender Freund fürs Leben.

Leidenschaft: Geiz

Da Typ 5 sich vor allem in seinem eigenen Kopf zu Hause fühlt und sich seine Welt hauptsächlich über das Denken erschließt, bereiten ihm Emotionen und Gefühle eher Angst. Die Leidenschaft Geiz zeigt sich bei ihm dahingehend, dass er damit geizt, sich anderen zu öffnen, zu viel von sich preiszugeben. Rückzug ist oft sein Mittel der Wahl, um die Angst vor zu viel emotionaler Intimität abzumildern. Den „Forscher" gefühlsmäßig einschätzen zu können, ist daher relativ schwer. Er lässt nur wenig durchblicken und wählt den Kreis der Menschen, die ihm näherkommen „dürfen", gezielt aus. Er geizt nicht nur mit seinem Gefühlsausdruck, sondern auch mit seiner Energie und Zeit. Mit Bedacht kalkuliert er, wie viel an zeitlichem oder energetischem Aufwand eine Sache wirklich wert ist. Die Hauptleidenschaft Geiz kann sich auch in seinem Wohnraum sichtbar machen, den er gerne puristisch bis karg gestaltet. Das Schlimmste wäre für den „Forscher", in irgendeiner Art und Weise abhängig von einer anderen Person zu sein. Daher strukturiert er seinen Alltag so, dass er ihn perfekt alleine meistern kann.

Instinktvarianten

„Der Forscher" mit selbsterhaltender Instinktvariante zieht sich besonders gerne in seine eigenen vier Wände zurück, in denen er sich, abgeschottet von der Außenwelt, seinen intellektuellen Interessen hingeben kann. In seiner „Festung" kann es sehr minimalistisch aussehen oder in das Gegenteil kippen, indem er Dinge in großen Mengen ansammelt, die seines Erachtens das Überleben sichern. Hamsterkäufe, das Horten von Gegenständen und nicht zuletzt die Tendenz, die eigene Wohnung wie ein Messie vollzustopfen, können sich hier zeigen. Der selbsterhaltende Typ 5 meidet es, so gut er kann, unter vielen Menschen zu sein. Grundsätzlich sind soziale Kontakte für ihn schwierig und laugen ihn energetisch aus. Er sieht sich dann unangenehmen Gesprächen und Fragen ausgesetzt, mit denen er sich eigentlich nicht beschäftigen möchte. „Der Forscher" befürchtete, seine Sicherheit zu verlieren. Sein Rückzugsort, seine Höhle, gibt ihm den nötigen Halt und beruhigt ihn. Nicht selten hortet er in seiner Wohnung viele Bücher, Notizzettel und Fachzeitschriften, in die er sich vertiefen und mit denen er seinen Wissensdurst stillen will. „Der Forscher" mit selbsterhaltender Instinktvariante ist von allen Persönlichkeitstypen derjenige, der am introvertiertesten erscheint, und wird daher von außen als sehr pragmatisch und gefühlskalt wahrgenommen. Seine eigenbrötlerische Art kann sich in einem unreifen Zustand als sehr mürrisch, menschenfeindlich und exzentrisch darstellen.

Typ 5 mit sexueller Instinktvariante öffnet sich mehr für die emotionale Welt und steht daher im Wiederspruch zu seinem eigentlichen Drang danach, unabhängig von anderen sein zu wollen. Eigentlich möchte er sich jemandem öffnen, kann dies aber nur, wenn er einer Person wirklich Vertrauen entgegenbringen kann. Er lebt daher in einer Diskrepanz zwischen Distanz und Nähe, Rückzug und vollkommener Offenheit. Ähnlich wie bei dem „Individualisten", Typ 4, hat diese Instinktvariante des „Forschers" einen Zugang zur Innenwelt und er wünscht sich die absolute Nähe eines anderen. Typ 5 mit sexueller Instinktvariante wirkt daher, trotz seiner Rückzugstendenz, für andere Menschen nahbarer und weniger intellektuell abgehoben. Bisweilen kann dieser „Forscher" sogar relativ schüchtern und liebenswürdig sein.

Der soziale Typ 5 erscheint am meisten von allen Instinktvarianten als „der klassische Forscher", bei dem die intellektuelle Auseinandersetzung mit komplexem Wissen an erster Stelle steht. Daher ist es nicht verwunderlich, dass man ihn vor allem in akademischen Kreisen antrifft. Er liebt es, fachspezifische Unterhaltungen mit Experten zu führen. Nichts läge ihm ferner, als eine Unterhaltung über banale Dinge zu führen, was ihn oft regelrecht unbeholfen erscheinen lässt. Am liebsten möchte er ohne Umschweife direkt in die Tiefe der Materie eintauchen. Da er sich hauptsächlich in die Wissenschaft zurückzieht, erscheint er vor „Nichtexperten" als unnahbar, verkopft und abgehoben. Die geistige Welt ist und bleibt sein Ort, wo er sich am sichersten fühlt. Nicht selten glänzt dieser „Forscher" mit herausragenden Leistungen für die Forschung und wird dafür anerkannt und geschätzt. Doch letztendlich beschützt ihn das geistige Konstrukt davor, zu viel Intimität in seinem Leben zuzulassen. Der Austausch über fachliches Wissen gibt ihm die Möglichkeit, sich nicht in gefühlsmäßigen verbalen Auseinandersetzungen beweisen zu müssen. „Der Forscher" mit sozialer Instinktvariante kann auch eine gewisse Arroganz ausstrahlen und sich gerne mit seinen akademischen Titeln hervorheben. Auf einem unreifen Niveau kann sich „der soziale Forscher" auf einem elitären Niveau der Fachsprache bewegen, sodass viele Menschen gar nicht erst versuchen, Kontakt zu ihm aufzubauen. Nicht selten sind seine Äußerungen überzogen provokativ, um seinen Status quo noch mehr hervorzuheben.

Flügel

„Der Forscher" besitzt Flügelvarianten zu Typ 4 („der Individualist") und Typ 6 („der Loyale").

Der sehr emotionale, aber doch ebenfalls introvertierte „Individualist" beeinflusst den „Forscher" dahingehen, dass er sich mehr für zwischenmenschliche Themen interessiert. Daher wirkt er nahbarer, empathischer und sensibler auf andere Menschen als ein „Forscher" mit Flügelvariante 6. Dieser „Forscher" nimmt seine Innenwelt stärker wahr und benötigt Zeit, um sich damit auseinandersetzen zu können. Der kreative Einfluss des „Individualisten" kann Typ 5 zu einem „musisch interessierten Forscher" machen und mit viel Fantasie und Vorstellungskraft ausstatten. Ebenso wie Typ 4 spürt er seine Emotionen sehr stark, die ihn teilweise übermannen können. Die Paarung starke Intuition mit hohem Intellekt eröffnet diesem „Forscher" viele Möglichkeiten, sich in der Welt zum Ausdruck zu bringen. Nicht selten sind es jene Persönlichkeitstypen, die an der Entwicklung und Umsetzung bahnbrechender Ideen beteiligt sind, oder gar deren Erfinder. Womit dieser „Forscher" nur schwer umgehen kann, ist Kritik. Dann kann er sehr launisch werden und sich von Personen und Projekten zurückziehen. In einem unreifen, desintegrierten Zustand wählt „der Forscher", gekränkt und verletzt, das Dasein als weltfremder Einsiedler in völliger Isolation.

„Der Forscher" mit Flügeltyp 6 beschreibt eher den „klassischen Forscher". Er hinterfragt skeptisch alle Informationen, die an ihn herangetragen werden, und wandelt verkopft durch sein Leben. Das macht ihn zu einem besonders guten Beobachter und Faktenanalytiker. Seine Angst, in Abhängigkeiten zu geraten, ist ihm durchaus bewusst. Daher wählt er vor allem soziale Kreise aus, die seinem Intellekt und Fachwissen entsprechen. Er liebt das Erforschen neuer Themen und wählt sich dafür nicht selten Nischen aus, die noch wenig untersucht wurden. Dieser „Forscher" kann auch ein gutes Gespür für neue Geschäftsideen haben und seine Erkenntnisse gewinnbringend vermarkten. Aufgrund seiner Disziplin und Ausdauer kann er viele Erfolge einfahren. Im zwischenmenschlichen Bereich positioniert er sich eher unverbindlich, aber dennoch freundlich und zuvorkommend. Nur wenige Menschen können enge Bindungen mit Typ 5 aufbauen. Aufgrund seiner Zentrierung auf kognitive Leistungen fällt es ihm schwer, auf andere einzugehen und ihre Bedürfnisse wahrzunehmen. Schwierigkeiten auf Beziehungsebenen lassen ihn regelrecht flüchten und bestärken noch zusätzlich seine Neigung zu Rückzug und Introvertiertheit. Soziale Interaktionen sind und bleiben für ihn ein Rätsel, das er lieber nicht lösen möchte.

Beziehungen

Aufgrund der starken Tendenz zur Introvertiertheit des „Forschers", fällt es ihm nicht so leicht, sich auf Liebesbeziehungen einzulassen. Einerseits möchte er seine Freiheit bewahren und seinen Rückzug pflegen, andererseits spürt er, dass er sich die Nähe eines „verbündeten" Partners wünscht. Da er diese Ambivalenz in seinem Empfinden vor allem gedanklich durchdringt, entsteht eine imaginäre Pro-und-Contra-Liste für oder gegen eine Beziehung. Er stellt sich die Frage, wie er seine Unabhängigkeit behalten oder seine Gefühle kontrollieren und für sich bewahren kann. Typ 5 kann durchaus bereit dafür sein, Kompromisse in einer Partnerschaft einzugehen, aber sie wollen gut überlegt sein. Es ist möglich, dass die Entscheidung für eine Liebesbeziehung seine Zeit braucht, bis sein gedankliches Konstrukt darüber abgesegnet und das nötige Vertrauen aufgebaut wurde. Wenn „der Forscher" bereit ist, diesen letzten Schritt zu tun, kann er in einer Beziehung besonders treu, loyal und verlässlich sein.

Sein Pragmatismus kann für sein Gegenüber anstrengend, gleichzeitig hilfreich sein, um in emotionalen Situationen das Ausmaß an Drama zu reduzieren und Lösungsansätze zu finden. Für den „Forscher" könnte ein sehr emotionaler Partner eine Herausforderung darstellen, da er es nicht gewöhnt ist, auf dieser Kommunikationsebene der Gefühle zu agieren. Da er oft nicht genau weiß, wie er auf sein Gegenüber reagieren soll, wenn dieses z. B. in Wut und Rage gerät, kann sein erster Impuls die Flucht sein, denn er möchte für diese Emotionen keine Verantwortung tragen. „Der Forscher" ist zwar feinfühlig, doch oft weiß er nicht, wie er dies seinem Partner verständlich vermitteln soll. Im Gegenzug ist es möglich, dass seine Kopflastigkeit dem Partner das Gefühl gibt, nicht verstanden und geliebt zu werden. Typ 5 möchte seine Gefühle für eine andere Person eher in Taten als in Worten und Zärtlichkeiten ausdrücken. „Forscher" bevorzugen aufgrund ihres großen Bedürfnisses nach Rückzug auch Liebesbeziehungen auf Distanz, die ihnen mehr Zeit für sich selbst ermöglichen.

In beruflicher Hinsicht mag Typ 5 unabhängige Arbeitsfelder, in denen er sich konzentriert vertiefen kann, ohne zu viele Vorgaben und Einschränkungen durch Vorgesetzte und Kollegen zu erhalten. Je weniger private Interaktionen es in seiner Arbeit gibt, umso besser für ihn. Er möchte sich mit der Sache an sich beschäftigen, weniger mit den Befindlichkeiten anderer oder den neuesten Gerüchten in der Firma. Da „der Forscher" sehr auf seine Arbeit fokussiert ist, kann er als Angestellter besonders verlässlich für das Unternehmen sein. Befindet er sich selbst in der Rolle des Geschäftsleiters/Unternehmers, bringt er seine Projekte gezielt zum Abschluss und dies überwiegend mit Erfolg. Doch er darf dabei nicht vergessen, dass seine Mitarbeiter keine Maschinen, sondern Menschen mit Gefühlen und Lebensgeschichten sind.

Integration und Desintegration

Da sich das Gedankenkarussell des „Forschers" permanent dreht, kommt er oft nicht aus dem Kopf ins Handeln. Er fühlt sich nicht genug vorbereitet, nicht genug informiert und ungenügend ausgebildet, um einen neuen Schritt zu tun. Er möchte ganz sicher sein und alle Eventualitäten durchdacht haben, bevor er sein Wissen in Taten sprechen lässt.

Typ 5 befindet sich dann auf dem Weg der Integration, wenn er sich immer wieder seinem Trostpunkt (Typ 8) annähert. Dieser Persönlichkeitstyp, „der Herausfordernde", verleiht ihm mehr

Mut, seine Komfortzone zu verlassen und Projekte in die Tat umzusetzen, auch wenn sie zum jetzigen Zeitpunkt noch nicht als perfekt durchdacht und geplant erscheinen. Er kann erkennen, dass auch der Weg zum Ziel ein wichtiger Lernprozess ist, der ihm neues Wissen bringen kann. Typ 8 verleiht dem „Forscher" mehr Vertrauen in die eigenen Fähigkeiten und ein Gefühl dafür, dass auch vermeintliche Niederlagen nicht das Ende der Welt bedeuten müssen. Er erkennt, dass Buchwissen allein nicht die Definition von Wissen ist, sondern auch persönliche Erfahrungen und Erkenntnisse eine wichtige Art von Bildung darstellen. Durch den Einfluss des Trostpunktes bewegt sich „der Forscher" immer mehr von der Theorie hin in Richtung Praxis und findet seinen Platz zunehmend im realen Leben, anstatt in seinem Kopf als Rückzugsort zu verharren. „Der Herausfordernde" als Persönlichkeitstyp des Enneagramms lehrt Typ 5, seine Emotionen wahrzunehmen und zu integrieren. Dadurch werden Gefühle weniger unterdrückt und „der Forscher" erkennt zunehmend, wie er diese angemessen ausleben kann. Ist er erst einmal auf den Geschmack gekommen zu spüren, dass er durch seine aktiven Taten ebenfalls wichtiges Wissen erlangen kann, motiviert es den „Forscher", immer weiterzumachen und neue Tätigkeiten zu finden. Sein ihm geliebtes Wissen wird nun durch konkrete Handlungen sogar sichtbar und bestätigt. Eine Integration bedeutet für den „Forscher", dass er sein Denken mehr und mehr mit Bauch und Herz in Einklang bringt und auch darauf vertraut.

Für Typ 5 bedeutet denken zu können Sicherheit. Das Denken erklärt ihm das Leben und vermindert die Angst vor dem Unberechenbaren. „Der Forscher" gerät unter enormen Stress, wenn sich seine Denkleistung nicht entsprechend seinen Vorstellungen entfalten kann. Er braucht Zeit und Vertrauen, um Entscheidungen treffen zu können. Auch das Gefühl der Abhängigkeit von anderen erweckt in ihm großes Unbehagen. Dieses Gefühl versucht er, durch Flucht aus der Realität einzudämmen. Dann bewegt sich Persönlichkeitstyp 5 des Enneagramms auf seinen Stresspunkt (Typ 7, „der Enthusiast") zu. In dieser Phase der Desintegration hat „der Forscher" das Gefühl, dass der Rückzug aus der Außenwelt ihm nicht mehr hilft, um die gespürte Angst zu beruhigen. Er wählt den Weg des Typs 7, indem er sich eine Maske aufsetzt, die ihn besonders sozial und kontaktfreudig zeigen soll. Das Wissen darum, dass er nur eine Rolle spielt, hindert den „Forscher" nicht daran, nun regelrecht zwanghaft, hysterisch und impulsiv zu handeln, obwohl es eigentlich gar nicht seine Art ist, in blinde Handlungen zu verfallen. Der Stresspunkt bewirkt, dass „der Forscher" eher kopflos agiert und sich in alle möglichen Aktivitäten verstrickt. Er sucht gezielt nach Stimulationen, handelt, ohne viel darüber nachzudenken, und trifft unüberlegte Entscheidungen. Da Typ 7 ebenfalls ein Kopftyp ist, wird sich das Leben weiterhin vor allem kognitiv erklärt. Das Verständnis für die eigenen Emotionen und die der anderen Menschen ist nach wie vor schwierig. Dies kann dazu führen, dass „der Forscher" sich rücksichtslos verhält, wie ein Elefant im Porzellanladen. Sein rationaler Geist weicht im Stresspunkt dem Genuss und Nervenkitzel. Doch dieses Verhalten steht in Konkurrenz zu seinem eigentlichen Wesen, das die Rationalität und Tiefe seiner Gedanken schätzt. Frustriert und labil bleibt „der Forscher" im Falle einer Desintegration zurück und verharrt in seinem Stresspunkt.

Entwicklungschancen

Da Persönlichkeitstyp 5 des Enneagramms Angst davor hat, mit all seiner Energie, seiner Zeit und seinem Wissen vom Leben verschlungen zu werden, eröffnen sich ihm Entwicklungschancen erst dann, wenn er merkt, dass alles unbegrenzt vorhanden und in stetigem Fluss ist. „Der Forscher" kann mit diesem Fluss mitschwimmen, statt ihn aus der Distanz zu beobachten. Eine Weiterentwicklung erfährt Typ 5 dann, wenn er es wagt, ins Handeln zu kommen und den Gewinn daraus für sich zu erkennen. Das motiviert ihn, dranzubleiben und weiterzumachen, er findet seinen Platz in der Welt statt lediglich in seinem Kopf. Es geht nicht darum, das analytische Denken sein zu lassen, sondern es mehr und mehr mit seinen Emotionen und seiner Intuition in Einklang zu bringen. Das Denken und sich daraus ergebende Wissen stellen ein Puzzleteil des „Big Pictures" dar. „Der Forscher" entwickelt sich schrittweise dazu, sich selbst in seiner Ganzheit wahrzunehmen und lieben zu lernen. Seine Innenwelt und seine physische Präsenz werden ihm bewusster. „Mittendrin statt nur dabei" lautet daher die Devise, um den „Forscher" aus der Introvertiertheit Richtung Integration gelangen zu lassen.

Das Leben will gelebt werden. Und auch wenn es ihm anfänglich noch Angst und Respekt beschert, wird er mit jedem Schritt nach außen in die Welt erkennen, dass Freiheit auch darin bestehen kann, sich in der Welt zu positionieren und selbst zu verwirklichen. Die Hauptleidenschaft Geiz baut sich ab, indem „der Forscher" sich in Hingabe übt, an anderen Menschen, an seinen Projekten und letztendlich an seinem Vertrauen. Er wird emotional freier, nahbarer für seine Mitmenschen, spontaner und aufgeschlossener. Typ 5 befreit sich auf seinem Entwicklungsprozess aus seiner Isolation, indem er lernt, seine Unsicherheiten zu überwinden und aktiv anzugehen. Ein gereifter „Forscher", der seine Entwicklungschancen nutzt, wird selbstbewusster, geerdeter, kompetenter, zugewandter und strahlt seine Weisheit mit innerer Ruhe aus. Er geizt nicht mehr mit seinen Ressourcen, sondern stellt sie der Welt zur Verfügung mit dem Vertrauen, dass ihm dadurch nichts weggenommen wird. Im Gegenteil, er erfährt die Freiheit, die darin liegen kann, bewusst in der Welt zu handeln und dadurch ein Teil des Ganzen zu sein.

Enneagrammtyp 6 – der Loyale

„Der Loyale", oder auch „der Skeptiker" genannt, stellt den Persönlichkeitstyp 6 im Rahmen des Enneagramms dar. Loyalität bedeutet per Definition, eine Haltung gegenüber einer Person oder einer Gruppe zu haben, die von Treue, Ehrlichkeit und Aufrichtigkeit geprägt ist. Doch wo findet hier die Skepsis ihren Platz?

Allgemeine Beschreibung

Loyal zu sein bedeutet, sein Wissen, Können und Handeln voller Vertrauen für andere einzusetzen. Typ 6 wird zwar als „der Loyale" bezeichnet, beschäftigt sich innerhalb seiner Persönlichkeitsstruktur jedoch mit seiner Zerrissenheit zwischen Misstrauen und Vertrauen. Diese zwei gegensätzlichen Pole lassen ihn sehr unbeständig erscheinen. Er ist eher ein ängstlicher

Typ und sorgt sich über alles Mögliche, was in seinem Leben geschehen könnte. Einerseits verhilft es ihm, immer wieder nach Lösungsansätzen zu suchen, um die Sorgen aufzulösen, andererseits können ihn die ständigen Befürchtungen innerlich zerfressen. Wer immer Angst hat, etwas könnte passieren, legt spontanes Handeln ab und bleibt lieber im Schneckenhaus. „Wem kann man eigentlich noch vertrauen?" ist eine von vielen Fragen, die sich „der Loyale" stellt. Innere und äußere Dialoge können sich folgendermaßen gestalten:

- Ich merke genau, wenn mich jemand manipulieren möchte.
- Der Zweifel ist mein ständiger Begleiter.
- Was will diese Person eigentlich von mir?
- Was ich nicht kenne, bereitet mir Angst.
- Ich habe Angst vor den Konsequenzen meiner Fehler.
- Manchmal fehlt es mir an Lockerheit im Umgang mit Situationen.
- Jeder Schritt will gut überlegt sein.
- Aus Angst vor Fehlern lasse ich es lieber gleich bleiben.
- Ich bin eher ein pessimistischer Typ.
- Sicherheit im Leben ist mir besonders wichtig.
- Ich kann nur schwer Vertrauen zu anderen fassen.
- Meine Aufgaben erledige ich stets pflichtbewusst.
- Ich halte mich immer an Regeln.
- Ich versuche, andere Leute zu durchschauen.
- Ich ordne mich eher unter, als mich zu positionieren.

Der „loyale" Typ trägt besonders viele Ängste in sich, die sich auf unterschiedliche Weise ausdrücken. Es gibt eine Ausrichtung, in der sich Typ 6 zwar seiner Angst nicht bewusst ist, aber sehr zu phobischem Verhalten neigt. Grundsätzlich ist dieser Persönlichkeitstyp angepasst, kooperativ und verlässlich. Im Gegensatz dazu gibt es die „loyalen" Typen, die der Angst in die Augen blicken und sich todesmutig in gefährliche Situationen stürzen. Dieser Typ 6 zeigt sich als Rebell unter den Persönlichkeiten und kann in seiner Art durchaus aggressiv und hitzig wirken. Da „der Loyale" zwar ständig mit der Angst in Kampf ist, aber dies nicht wirklich auf bewusster Ebene, fällt es ihm selbst schwer, seine eigene Persönlichkeit zu charakterisieren und sich als Enneagrammtyp 6 zu erkennen.

Leidenschaft: Zweifel

Aufgrund seiner Grundleidenschaft Zweifel befindet sich Typ 6 immer in Alarmbereitschaft und Habachtstellung. Der komplette Fokus des „Loyalen" liegt daher auf all dem, was im Leben falsch, hinterhältig, gefährlich ist oder schief gehen könnte. Dafür braucht es die permanente Analyse verschiedenster Personen und Situationen, um nicht in eine gestellte Falle zu tappen. Dadurch befindet er sich in einem Spannungsfeld zwischen vertrauen wollen, aber nicht vertrauen können. Die Leidenschaft

Zweifel wird dahingehend gelebt, dass man sich entweder besonders anpasst oder im Gegenteil in den Widerstand geht. Der ständige Zweifel begünstigt, dass Typ 6 seine eigenen negativen Gedanken auf andere projiziert und sie ihnen zuschreibt. Diese Strategie hilft ihm, den Fokus von den eigenen Zweifeln, der eigenen Unsicherheit wegzulenken auf andere, die dann dafür verantwortlich sind. Wenn die Welt da draußen bedrohlich und schlecht ist, kann das eigene Bild eines idealen Menschen, der rechtschaffend und zuverlässig ist, besser aufrechterhalten werden. Der Ursprung seiner Zweifel liegt im Verlust des Urvertrauens, das er als Kind nicht optimal aufbauen konnte. So wurden Ängste nie wirklich abgebaut und das Leben als gefährlich und unberechenbar eingestuft. Daraus entwickelten sich die beiden Persönlichkeitsvarianten des Typs 6, der entweder die Strategie fährt, sich vor allem in Acht zu nehmen, oder der die direkte Konfrontation sucht, bevor ein vermeintlicher Angriff zustande kommen kann.

Instinktvarianten

„Der Loyale" mit selbsterhaltender Instinktvariante sorgt sich vor allem darum, ob all seine Basisbedürfnisse in den Themen Finanzen, Beruf und Wohnraum erfüllt sind, um sich sicher zu fühlen. Vom Grundtyp her ist er freundlich und hilfsbereit, jedoch ängstlich bis hin zu hilfsbedürftig. Der selbsterhaltende „Loyale" kümmert sich daher akribisch und am besten selbst um all diese Themen, damit nichts seiner Kontrolle entgleiten kann. Und obwohl er bemüht ist, seine das Überleben sichernden Themen ordnungsgemäß zu managen, bleiben der Pessimismus und das Misstrauen einer Welt gegenüber, die für ihn bedrohlich und gefährlich erscheint. Diese Angst und der Stress, die daraus resultieren, lassen sich reduzieren, indem er sich mit anderen Menschen zusammentut, die das Gleiche empfinden. Darum ist der Persönlichkeitstyp 6 ein absoluter Familienmensch, dort fühlt er sich beschützt und sicher. Nach außen hin merkt man dem „Loyalen" seine Angst oft nicht an, gibt er sich doch meist verantwortungsbewusst, fröhlich und unbeschwert. Er braucht seine Zeit, um Vertrauen zu fremden Personen aufzubauen, wenn der Freundeskreis jedoch gefestigt ist, gibt auch er ihm die Sicherheit, die er so dringend braucht. Letztendlich sind Familie und Freunde auch seine Berater, wenn es darum geht, Entscheidungen zu treffen. Sie helfen ihm, das Risiko einzuschätzen und abwägen zu können.

Auch das eigene Zuhause ist sein Zufluchtsort, weshalb Typ 6 es sich dort so einrichtet, dass er sich geborgen und sicher fühlen kann. „Der Loyale" mit selbsterhaltender Instinktvariante kann sich in Ausnahmefällen durchsetzen und anderen widersprechen, neigt aber tendenziell mehr zu angepasstem Verhalten. In einem noch unreifen, desintegrierten Zustand kann dies aber auch bedeuten, für ihn ungesunde Umstände viel zu lange zu ertragen, weil die Angst vor Konsequenzen zu groß ist, sollte er seine Zweifel offenkundig äußern.

Enneagrammtyp 6 mit sexueller Instinktvariante stellt sich eher vehement gegen seine Angst, anstatt sie passiv zu ertragen. Man könnte von ihm denken, er sei eine sehr mutige, souveräne, resolute Person. Doch hinter dem kühnen Auftreten steckt die Ängstlichkeit, derer er sich selbst gar nicht bewusst sein muss. Das Außenbild von Attraktivität und Stärke wird gepflegt durch harte Arbeit, Konkurrenzgehabe und viele Freizeitaktivitäten. Das ist eine Strategie der sexuellen Instinktvariante, um mit der Angst im Inneren umgehen zu können. Ein anderer Weg ist es, den Intellekt entsprechend auszubilden und sich dahinter zu verstecken. Dann hat „der Loyale" mit sexueller Ausprägung das Gefühl, mehr Kontrolle über sein Leben zu erhalten. Da Typ 6 seine Angst verstecken möchte, wählt er oft Aktionen im Außen, die gerade dem Gegenteil entsprechen. Daher sind bei ihm eher risikoreiche Berufe keine Seltenheit. Die äußere Dominanz stellt hier den Schutzpanzer dar, mit dem er die darunterliegende Angst zu kompensieren versucht. Je stärker er die innere Unsicherheit spürt, desto stärker oder attraktiver gibt er sich in seinem Umfeld. Typ 6 zeigt in dieser Instinktvariante besonders viele Facetten, weshalb er als dieser nicht so leicht zu erkennen ist.

Der soziale „loyale" Typ zeigt beide Seiten, phobisch und kontraphobisch zugleich. Er setzt sich gerne für seine Gruppe ein, der er sich zugehörig fühlt, also Familie, Freundeskreis, Verein, Arbeitsplatz etc. Autoritätspersonen sind für ihn wichtig, um sich daran orientieren zu können. Sich an Regeln und Normen zu halten, gibt ihm Sicherheit und Verlässlichkeit, die ihm helfen, seine Ängste zu beruhigen. Daher ist dieser Persönlichkeitstyp besonders pflichtbewusst und loyal. Es kann aber auch vorkommen, dass er trotz des Wissens um bestimmte Vereinbarungen diese bricht, um einmal aus dem engen Korsett ausbrechen zu können. Grundsätzlich möchte dieser Typ 6 sich für seine Mitmenschen einsetzen und Gutes tun. Selbst die Verantwortung für ein Projekt zu übernehmen, macht ihn aber ehrfürchtig, da er selbst Entscheidungen treffen müsste, was ihm bisweilen schwerfällt. Er möchte ungern einen Konflikt provozieren, sich nicht mit anderen auseinandersetzen, die seine Entscheidung nicht teilen. Äußere, klare Rahmenbedingungen geben ihm Halt, warum er sich oft genauestens daran hält. Das lässt Typ 6 manchmal etwas farblos wirken, weil er den eigenen Vorstellungen, Emotionen und Intuitionen keinen Raum gibt. Der unreife Enneagrammtyp 6 neigt daher dazu, anderen blind zu folgen, ohne sich eine eigene Meinung gebildet zu haben.

Flügel

„Der Loyale" breitet seine Enneagrammflügel zu Typ 5 („der Forscher") und Typ 7 („der Enthusiast") aus.

Richtet er sich mit seinem Flügel eher Richtung „Forscher" aus, prallen zwei Gegensätze in ihm aufeinander. Während dem „Loyalen" die Zugehörigkeit zu anderen sehr wichtig ist, bevorzugt Typ 5 den Rückzug. Beide sind auf unterschiedliche Weise auf der Suche nach Sicherheit. Der eine findet sie im Schutz seiner Gruppe, der andere bei sich selbst in seinem Denken. Bei dieser Flügelvariante zeigt sich „der Loyale" daher zeitweise als Einzelkämpfer, der sich aber zu Menschen mit gleichen Wertvorstellungen hingezogen fühlt. Eigenschaften des „Forschers" wie hoher Intellekt, Beobachtungsgabe, Wissbegierigkeit und Organisationstalent bereichern Typ 6, der wiederum seine soziale Ader und Moralvorstellungen miteinbringt. Dieser Persönlichkeitstyp fühlt sich wohl im Kreise seiner Familie und seinen Freunden, braucht aber auch Zeit für sich selbst, in der er sich seinen Interessen widmen kann. Diese Zeit für sich nutzt er aber auch, um über das Leben und die Welt nachzudenken, und kann daher schon mal ins Grübeln verfallen und pessimistischen Gedankengängen folgen. Nach außen hin bleibt er aus Angst vor Konsequenzen oder Ablehnung oft diplomatisch, sodass man seine eigene Meinung kaum ausfindig machen kann.

Erstreckt sich sein Flügel Richtung Typ 7, „der Enthusiast", ist Typ 6 lieber unter Menschen und liebt es, das Leben zu genießen. Einerseits möchte er gerne Verantwortung übernehmen, andererseits ist ihm seine eigene Freiheit sehr wichtig. Während Typ 6 mit Flügeltyp 5 weniger Interesse daran hat, von anderen gemocht und akzeptiert zu werden, stellt dies für Flügelvariante 7 einen wichtigen Aspekt dar. Er erfreut sich am Zusammensein mit anderen, an materiellen Dingen und wirkt grundsätzlich optimistisch. Dieser Enneagrammtyp kann auch mal über sich selbst lachen und nimmt sich nicht allzu ernst. Grundsätzlich spielt die innere Sorge bei ihm ebenfalls eine Rolle, aber er versucht sie eher dadurch zu besänftigen, dass er bei Entscheidungen immer einen Plan B in petto hat, sollte doch etwas schiefgehen. Sein unsicheres Verhalten kommt trotzdem manchmal durch, wenn er Dinge lieber auf die lange Bank schiebt oder sich erst mehrfach bei anderen rückversichert, bevor er ein bestimmtes Projekt angeht. Da er mit Sorgen, Druck und Angst nur schwer umgehen kann, kann Typ 6 sehr launisch und reizbar werden und würde am liebsten flüchten. Seiner Familie gegenüber verhält er sich besonders loyal, während in anderen Beziehungsformen mit Typ 6 mit der Flügelvariante 7 schon mal die Fetzen fliegen können, z. B. in Form von Beschuldigungen. Meist sucht er die Ablenkung, wenn die Gefühle ihn übermannen, und unterdrückt sie dadurch. Da diese aber gerade dann stärker zurückkommen, als sie vorher waren, können Stimmungsschwankungen, Nervosität und Unsicherheiten die Folge sein.

Beziehungen

„Der Loyale" schätzt Beziehungen sehr, da sie ihm dabei helfen, besser mit seinen Befürchtungen umgehen zu können. Dabei ist es gar nicht so einfach, für Typ 6 das richtige Maß an Bindung und Freiheit zu finden. Nimmt ihn sein Partner zu sehr für sich ein, fehlt ihm das Gefühl der Unabhängigkeit. Bekommt er zu wenig Zuwendung von seinem Liebsten, fühlt er sich vernachlässigt. Er wünscht sich eine Beziehung, aber bitte nicht zu nah. In Abhängigkeit begibt sich Typ 6 vor allem dann, wenn er von Grund auf sehr unsicher ist und ihm eine Beziehung die nötige Stabilität und Sicherheit vermitteln kann. Dabei versucht er jedoch durchaus, nicht zu sehr von seiner Angebeteten oder seinem Angebeteten vereinnahmt zu werden. Da ihm der Zugang zur Intuition und zu seinem Selbst oft fehlt, ist er relativ empfänglich für Richtlinien und Lebensentwürfe, die ihm zugetragen werden. Einerseits könnte ein Partner daher durchaus eine Leitfigur für ihn darstellen oder sein ständiges Misstrauen ihm autoritäre Züge eher absprechen wollen. Die Grundleidenschaft Zweifel entscheidet darüber, ob ein Funke der Besorgnis dafür sorgt, dass er eine Person als Autorität idealisiert oder ablehnt. Zu einer reifen Beziehung ist „der Loyale" fähig, wenn er erkennt, dass nichts und niemand ihm die eigene Sicherheit geben und garantieren kann. Er muss sie selbst in sich finden und stärken, um wirklich unabhängig zu bleiben.

Aufgrund seiner Loyalität ist Typ 6 eher in längeren und festen Liebesbeziehungen zu finden. Um Vertrauen zu einem potenziellen Liebespartner aufzubauen, benötigt „der Loyale" seine Zeit, um ihn eingehend zu prüfen. Anstatt die anfängliche Phase der Verliebtheit zu genießen, stresst sie Typ 6 enorm, da er erst herausfinden muss, ob sein Gegenüber Hintergedanken hegt, es ernst meint und auch sonst keine Leichen im Keller versteckt hat. Wie ein Detektiv beginnt er das Durchleuchten und Testen, sammelt Beweise und Gegenbeweise, wägt Argumente für und gegen diese Beziehung ab usw. Da sich Typ 6 permanent Sorgen macht, ist auch die Sorge groß, ausgenutzt oder plötzlich verlassen zu werden. Liebesbekundungen und -versprechungen können ihn beruhigen, wenn er das Gefühl hat, dass sie ehrlich gemeint sind. Typ 6 traut als Kopftyp seinem Bauch- und Herzgefühl nur wenig, daher braucht es Zeit, bis er zu Entscheidungen gelangt. Für den Partner kann das Verhalten des „Loyalen" wenig nachvollziehbar sein, wenn Typ 6 noch zwischen Nähe und Distanz schwankt. Doch es wird der Zeitpunkt kommen, an dem er sich entschieden hat und sich dann vollkommen loyal und treu der Beziehung hingibt.

In Arbeitsbeziehungen ist Typ 6 immer darauf besonnen, alles klar und strukturiert durchdacht zu haben, um wirklich verstehen zu können, wie eine Aufgabe oder ein Projekt funktionieren. Auch hier ist er wenig risikobereit und beleuchtet neue Vorhaben von allen Seiten, was für seine Kollegen und Vorgesetzten manchmal anstrengend sein kann. Trotzdem ist seine Skepsis von hohem Wert, da er vorausschauend plant und ihm das Wohl der Firma am Herzen liegt. Aufgrund seiner Loyalität kann es vorkommen, dass dieser Persönlichkeitstyp das kleine Wort „Nein" nur schwer über die Lippen bringt, wenn es darum geht, weitere Projekte anzunehmen und Überstunden zu schieben.

Integration und Desintegration

Typ 6 befindet sich auf dem Weg der Integration, wenn er lernt, die Sicherheit, die er so dringend braucht, aus sich selbst zu schöpfen. Er bewegt sich in Richtung Trostpunkt (Typ 9, „der Friedliebende"), der ihm zu mehr innerer Ruhe und Gelassenheit verhelfen kann. Er integriert sein Bauchgefühl immer mehr und spürt eine Art Führung, einen „roten Faden" in seinem Leben. Schritt für Schritt löst er sich von dem Bedürfnis, anderen gefallen zu wollen und sich ständig zu fragen, was sie wohl über ihn denken. Er vertraut sich selbst und löst sich von den äußeren Abhängigkeiten. Die Grundstimmung wird optimistischer und gelassener. Er muss nicht mehr alle Eventualitäten durchdenken und übertrieben viele Sicherheitsmaßnahmen treffen, aus Angst vor unvorhersehbaren Ereignissen. Langsam vertraut er, dass doch alles gut werden wird. Es fällt ihm leichter, das Leben aus verschiedenen Perspektiven zu betrachten, was ihn aufgeschlossener anderen gegenüber erscheinen lässt. Er schließt Frieden mit sich und der Welt, die vielleicht nicht besonders vertrauenserweckend erscheint, kann sich selbst vertrauen und das erdet Typ 6 zusehends.

„Der Loyale" hat eine sehr intensive und direkte Verbindung zu seiner Angst, weshalb er die Gefahren des Lebens an allen Ecken lauern sieht. Seine blühende Fantasie und das Kopfkino tun ihr Übriges, dass Zukunftsszenarien besonders dramatisch ausfallen. Typ 6 bewegt sich auf seinen Stresspunkt zu, wenn doch einmal etwas schiefgeht und damit Veränderungen einhergehen, die ihn zurück in seine Angst katapultieren. Dann beeinflusst ihn Enneagrammtyp 3, „der Leistungsmensch". Er verliert sich in Arbeitswut, versucht die Schotten der materiellen und finanziellen Sicherheit dichtzumachen und zeigt bisweilen sogar aggressives Verhalten, versucht hektisch, alles in seinem Leben wieder in Ordnung zu bringen. Das Problem ist, dass Typ 6 die Ausdauer und Strukturiertheit des „Leistungsmenschen" fehlen, weswegen er sich in dieser Rolle eher selbst schadet, als Schadensbegrenzung zu erzielen. Das innere Misstrauen wächst weiter und er gelangt an Punkte, an denen die Kraft nicht mehr ausreicht. Soll er sich nun weiterhin wehren und den Rundumschlag durchziehen oder doch lieber aufgeben?

Entwicklungschancen

Der gereifte Enneagrammtyp 6 sieht ein, dass er Misstrauen und Zweifel ablegen und sich voller Vertrauen gegenüber anderen und sich selbst dem Leben hingeben muss, um wirkliche Freiheit zu erlangen. Der Weg der positiven Entwicklung beginnt damit, dass „der Loyale" mehr Zugang zu seinen Gefühlen erlangt und erkennt, dass sie sein eigenes Konstrukt sind, mit dem er sich als Person identifiziert. Seine Chance besteht darin, selbst die Macht über seine Emotionen zu haben und sie entsprechend steuern zu können. Das Bauchgefühl, die Intuition, bekommt mehr Vertrauen. Mit weiteren Erfahrungen wird Typ 6 merken, dass die meisten seiner Angstszenarien, die er sich im Kopf ausmalt, in der Realität so nicht stattfinden. Auch kann er seine Menschenkenntnis weiterentwickeln und besser einschätzen, welche Personen wirklich mit Vorsicht zu genießen sind und wo ihm seine Skepsis Vorurteile haben ließ. Mut und Vertrauen sind die Grundpfeiler, die es als Enneagrammtyp 6 zu kultivieren gilt. Es reift die Erkenntnis in ihm heran, dass das Leben nun einmal keine mathematische Gleichung ist, die man vorher exakt berechnen kann. So kann er mit mehr Selbstsicherheit und Gelassenheit die Aufs und Abs des Lebens meistern.

Enneagrammtyp 7 – der Enthusiast

„Der Enthusiast" liebt das aufregende und spannende Leben. Daher ist er immer am Pläneschmieden, welche Abenteuer er als Nächstes erleben möchte. Nichts wäre schlimmer als Stillstand, denn er braucht die Abwechslung.

Allgemeine Beschreibung

Typ 7 hat seinen Blick immer auf die Zukunft gerichtet und kommt nie wirklich an, weil er immer das Gefühl hat, es muss noch etwas Interessanteres auf ihn warten. Diese Suche beschert ihm eine gewisse Unruhe. „Der Enthusiast" erscheint besonders energetisch und genießt das Leben mit allen Sinnen. Man kann ihn besonders schnell für eine neue Sache begeistern und er ist der geborene Motivator. Es fällt ihm leicht, Beziehungen zu knüpfen und seine Beziehungspartner „auf seine Seite" zu ziehen, für sich und seine Interessen einzunehmen. Bisweilen verliert er sich ein wenig in all seinen Projekten, da die Konzentration auf eine Sache ihn zu schnell langweilen würde. Doch warum sucht Typ 7 so zwanghaft nach dem immer neuen Kick? Letztendlich ist es die Flucht vor dem Dunklen und Negativen in der Welt und seinem eigenen Gefühlsleben. Anstatt sich damit auseinanderzusetzen, wählt er den Weg der gezielten Ablenkung.

Weil sich „der Enthusiast" hauptsächlich auf seine positiven Eigenschaften konzentriert, verfügt er über ein großes Selbstbewusstsein und weiß, was er kann. Durch das Ignorieren seiner Gefühle wie Angst, Trauer, Enttäuschung etc., können diese jedoch größer und drängender werden und ihn letztendlich in Form von Depressionen und Angststörungen übermannen.

Folgende Aussagen könnten dem Mund eines „Enthusiasten" entstammen:

- ▶ Am liebsten treffe ich mich mit fröhlichen, lebensbejahenden Menschen.
- ▶ Mein Terminkalender ist ständig voll.
- ▶ Ich liebe die Abwechslung.

- Ich kann nicht zusehen, wenn jemand weint.
- Wenn ich mir etwas einbilde, bekomme ich es auch.
- Ich bin ein gerngesehener Partygast.
- In Gruppen erzähle ich mit Freude meine Geschichten und Witze.
- Ich versuche, andere aufzuheitern, wenn sie Probleme haben oder traurig sind.
- Zukunftspläne schmiede ich für mein Leben gern.
- Langeweile kenne ich nicht.
- Ich bin ein optimistischer Mensch.
- Ich lasse mich von meinen Gefühlen und meiner Intuition durchs Leben leiten.
- Eigentlich bin ich immer gut drauf.
- Ich liebe es, neue Abenteuer zu erleben.

Leidenschaft: Gier

Typ 7 nimmt sein Leben als ein Geschenk wahr. Obwohl „der Enthusiast" zu den Kopftypen zählt, zeigt er sich nach außen gar nicht so. Die Hauptleidenschaft Gier, die dieser Persönlichkeitstyp auslebt, dient dazu, alles im Leben mitzunehmen, was diese innere Leere ausfüllen könnte. Damit Angst und Leere weichen, braucht er immer mehr vom Schönen wie z. B. Reisen, Kleidung, Schmuck, Bekanntschaften, Essen, Projekte etc. Er folgt ständig dem Impuls, positiv stimuliert zu sein. Damit dieses „Deckeln" der Innenwelt gewährleistet ist, dreht sich oft alles um ihn. Auf andere Menschen wirkt „der Enthusiast" sehr selbstbezogen und er merkt gar nicht, wie er andere dabei vor den Kopf stößt. In einem unreifen Zustand geht es dem „Enthusiasten" nur noch um das bloße konsumieren ohne wirkliche Sinnhaftigkeit. In seinen Augen braucht er den ständigen Reiz von außen, um keine Lücke entstehen zu lassen, die dann eventuell mit etwas Anstrengendem, Belastendem oder gar Negativem gefüllt werden könnte. Seine Gier zeigt sich daher in dem Motto „größer, schneller, weiter".

Instinktvarianten

„Der Enthusiast" mit selbsterhaltender Instinktvariante möchte seine Grundbedürfnisse immer gestillt wissen und führt gerne einen Lebensstil des Überflusses. Innerhalb von Menschengruppen erkennt man ihn schnell an seinem Talent, die Aufmerksamkeit über interessante Erzählungen auf sich ziehen zu können. Typ 7 umgibt sich gerne mit den schönen Dingen des Lebens, auch in seinem Zuhause. Im Gegensatz zu den anderen Instinktvarianten ist er gerne in einer festen Beziehung und auch eher ein familiärer Typ. Sein Fokus ist auf die Zukunft gerichtet, z. B. auf die nächsten Reisen, Restaurantbesuche und beruflichen Projekte. Er möchte die Freuden, die das Leben ihm bietet, in vollen Zügen auskosten. Ausschweifende Shoppingtouren sind bei ihm daher keine Seltenheit. Für den selbsterhaltenden „Enthusiasten" ist sein ausgewählter Kreis an Menschen, der ihn umgibt, sehr wichtig. Hier fühlt er sich besonders sicher und angenommen, während er Fremden gegenüber, wenn er ihnen für sich selbst nichts abgewinnen kann, eher distanziert und desinteressiert ist. Es kann vorkommen, dass Typ 7 seine Freundlichkeit gezielt einsetzt, um gewisse Dinge für sich zu erreichen.

Typ 7 mit sexueller Instinktvariante sucht unentwegt nach einem neuen Kick, der ihm Anregung bietet. Um Langeweile zu vermeiden, versucht er, so viel wie möglich vom Leben mitzunehmen, und gestaltet es seinen Idealen entsprechend. Er wird von allem in den Bann gezogen, dass besonders schön, neu und aufregend ist. Seine unbändige Energie treibt ihn von einem neuen Erlebnis zum anderen. Ist er in einer Beziehung, kann das für den Partner sehr anstrengend sein, sollte er bei dieser Geschwindigkeit nicht mithalten können. Was ihm besonders gut liegt, ist, andere um den kleinen Finger zu wickeln. „Der Enthusiast" hat leichtes Spiel, sie gewinnbringend für sich einzunehmen. Seine permanent springende Aufmerksamkeit kann seiner mangelnden Konzentrationsfähigkeit geschuldet sein. Er beschäftigt sich gerne oberflächlich mit Dingen, da ihm eine tiefe Beschäftigung viel mehr innere Ruhe abverlangen würde, die er augenscheinlich noch nicht hat. Seine Neugierde möchte er zu jedem Zeitpunkt stillen, weshalb er gerne Leute kennenlernt, seiner Begeisterung Ausdruck verleiht und immer wieder neue Pläne schmiedet. Typ 7 mit sexueller Instinktvariante hat das Zeug dazu, andere zu motivieren und aus ihren dunklen Tälern zu holen. In einem unreifen Zustand kann ihn seine Rastlosigkeit jedoch dazu verführen, aufgrund seines übermäßigen Konsums regelrecht abzustumpfen.

„Der Enthusiast" mit sozialer Instinktvariante kann seine Getriebenheit nach Genuss und neuen Erfahrungen für seine ihm wichtige Gruppe zügeln. Ihm ist es wichtiger, seiner Familie und seinen Freunden unterstützend zur Seite zu stehen, anstatt permanent in der Welt die neuesten Abenteuer zu erleben. Bei ihm ist die soziale Ader sehr ausgeprägt, sodass er sich auch gerne für andere Menschen einsetzt. Sein starkes Verantwortungsgefühl anderen gegenüber kann ihn aber auch belasten, wenn seine grundlegende Persönlichkeit die Sehnsucht nach dem Abenteuer in ihm erweckt. Einerseits möchte er niemanden enttäuschen, andererseits dürstet es ihn nach Veränderung und Abwechslung. Neue Projekte geht er am liebsten gemeinsam mit anderen an. Dabei möchte er zügig vorankommen und nimmt gern das Ruder in die Hand. Wenn er merkt, dass ihm die soziale Struktur zu eng wird, sucht er sich neue Menschen, mit denen er wieder mehr auf einer Wellenlänge ist. Manchmal kommt es vor, dass er gleichzeitig zu viele Projekte am Laufen hat und sie daher nur oberflächlich bearbeitet. Da er seinen Freiheitsdrang zugunsten seines sozialen Gefüges drosselt, reagiert er sehr empfindlich, wenn jemand zusätzlich seine Freiheit einschränken möchte, z. B. in einer Liebesbeziehung.

Flügel

Im Enneagramm liegt Typ 7 zwischen den Flügeltypen 6 („der Loyale") und 8 („der Herausfordernde").

„Der Enthusiast" mit Flügeltyp 6 beschenkt sich zuerst selbst mit den schönen Dingen des Lebens. Anschließend genießt er das Zusammensein mit anderen Menschen, was ihm ebenfalls Freude bereitet. Er ist sehr an Beziehungen orientiert, die ihm beides bieten sollen – Sicherheit und Abenteuer. Typ 7 mit Flügelvariante 6 profitiert von der Gewissenhaftigkeit des „Loyalen" und widmet sich daher gerne seinen Projekten, Menschen und Ereignissen. Dafür nimmt er sich mehr Ruhe und Zeit, bevor er wieder zu neuen Ufern unterwegs ist. Dieser Flügeltyp bringt ihm durchaus auch mehr Ängstlichkeit, weshalb er seine Risikobereitschaft etwas drosselt. Insgesamt ist dieser Enneagrammtyp 7 in seiner Persönlichkeit sehr charmant, mitreißend, optimistisch und ein guter Teamplayer. Auch in Beziehungen ist er treu und gewillt, gemeinsam mit dem Partner daran zu arbeiten. Wenn er hinter einer Sache steht, kann er sich durchaus selbstbewusst und willensstark durchsetzen, aber immer in einer Weise, dass andere ihn trotzdem mögen und schätzen. Er strahlt nach außen eine gewisse Reife aus und kann sich trotzdem begeistern wie ein kleines neugieriges Kind. Das macht diesen Typ 7 besonders sympathisch und anziehend für andere Menschen.

Typ 7 mit Flügelvariante 8 wirkt hingegen, aufgrund des Einflusses des „Herausfordernden", insgesamt aggressiver. Er möchte seine Ideen und seinen Willen durchsetzen und geht seine Projekte pragmatischer an, um ans Ziel zu kommen. Sein Auftreten ist selbstbewusst und bestimmt. Auch er mag es, immer etwas Neues zu erleben und sich den Genüssen des Lebens hinzugeben, braucht dafür aber nicht unbedingt andere Menschen. Er widmet sich mit Vorliebe seinem wirtschaftlichen Erfolg, denn seine Finanzen müssen immer stimmen, damit er sich all die schönen Dinge leisten kann, die ihm das Leben versüßen. Er hat das Talent, mehrere Dinge gleichzeitig machen zu können, ohne sich dabei zu verzetteln. Daher gilt er als sehr geschäftstüchtig und ist oft in Führungspositionen anzutreffen. „Der Enthusiast" mit Flügelvariante 8 weiß genau, wie er mit Menschen umgehen muss, wann welcher Scherz passend ist und wie sich andere gerade fühlen. Daher zieht nicht selten gerade er die Stricke in sozialen Zusammenkünften. In einem unreifen Zustand kann er zu sehr auf sich selbst und die Durchsetzung seines Willens fokussiert sein, sodass er schroff, rücksichtslos und gefühllos handelt.

Beziehungen

In Liebesbeziehungen fühlt sich „der Enthusiast" am wohlsten, wenn sein Partner seine Leidenschaft für Reisen, gutes Essen und schöne Dinge teilt. An seiner Seite wird es nie langweilig. Seine ständige Spontaneität kann aber den Partner auch mal überfordern, wenn dieser seine Energie nicht teilt. Die Lust am Erkunden des Neuen veranlasst ihn, sich eher locker binden zu wollen (außer in der selbsterhaltenden Instinktvariante). Denn er ist sich immer unsicher, ob der jetzige Partner der ideale ist oder nicht doch noch jemand Besseres auf ihn wartet. Typ 7 kann schnell enttäuscht und mürrisch reagieren, wenn sein Partner nicht auf seinen Zug aufspringt, der voller Unterhaltung und Erlebnissen durch das Leben rasen möchte. Beziehungsprobleme sind grundsätzlich etwas, das „der Enthusiast" scheut und wovon er sich ablenken möchte. Er läuft lieber davor weg, als sie im Gespräch zu lösen. Am wohlsten fühlt er sich mit Menschen, die seinen Optimismus und seine Neugierde teilen, dann ist eine Liebesbeziehung mit ihm eine besonders genussvolle und aufregende Reise.

In seinem Beruf möchte „der Enthusiast" gerne unabhängig arbeiten und seine Ideen frei verwirklichen können. Nicht die Details seiner Arbeit interessieren ihn, sondern das große Ganze und wie es sich umsetzen lässt. Er führt zwar gerne, scheut sich aber gleichzeitig vor der Verantwortung, die damit einhergehen würde. Grundsätzlich legt er sich nicht gerne fest, auch in beruflichen Dingen nicht, denn das würde ihm neue und spannendere Wege verschließen. Mit seinen Arbeitskollegen und Vorgesetzten kommt er gut aus, da er eigentlich immer gut gelaunt erscheint und aufgrund seiner hohen Energie viele seiner Aufgaben mit dem Team zusammen erledigen kann.

Integration und Desintegration

„Der Enthusiast" macht sich Richtung Trostpunkt (Typ 5, „der Forscher") auf, wenn er das Gefühl hat, bereits „alles" erlebt zu haben und dass ihn kaum noch Neues stimulieren kann. Er fühlt sich gesättigt, da er vorher in rasantem Tempo durch all die Abenteuer, Reisen und Bekanntschaften gehetzt ist. Sein Trostpunkt unterstützt ihn darin, sich bestimmten Themen mit mehr Tiefe und Ausdauer zu widmen. Dadurch wird er als Person ernsthafter, nachdenklicher, objektiver und sieht mehr hinter die Fassade der Oberflächlichkeit. Während er vorher seine Gefühlswelt sehr selektiv betrachtet hat, wird ihm jetzt klar, dass hinter seiner Genusssucht eigentlich eine Vermeidungsstrategie liegt, um schmerzhafte Emotionen nicht spüren zu müssen. Aber dennoch gibt es sie, sie sind da und verlangen ebenso nach ihrer Aufmerksamkeit. Die Dinge sehen für ihn nun anders aus, da er sie mit mehr Ruhe und Distanz betrachten kann. Er betrachtet sein komplettes Leben aus neuen Blickwinkeln. Mit zunehmender Integration stellt „der Enthusiast" fest, dass nicht alle Bereiche des Lebens von spontanen Handlungen profitieren. Auch das Verweilen, das Verbindliche und die überlegte Reflexion braucht es, um bedacht handeln zu können. Die Schattenseiten des Lebens kann Typ 7 jetzt besser zulassen und lernt, mehr Verantwortung für sich und andere zu übernehmen. Seine Weltsicht wird ausdifferenzierter. Es geht ihm nicht mehr um Kompensation und Befriedigung seiner Hauptleidenschaft Gier, sondern um ehrliche und tiefe Erfahrungen. Er fühlt sich nicht mehr sicher aufgrund all seiner Besitztümer, Beziehungen und Erlebnisse, sondern aus sich selbst heraus. Sein Optimismus und seine Fröhlichkeit bleiben, doch zeigen sie sich in Form von mehr Dankbarkeit und Reife.

Wenn seine Pläne nicht so aufgehen, wie „der Enthusiast" sie geschmiedet hat, bewegt er sich auf seinen Stresspunkt (Typ 1, „der Reformer") zu. Die negativen Gefühle, die aufkommen, da all seine äußerliche Zerstreuung nicht mehr hilft, um ihn von seiner Angst abzulenken, lassen bei ihm Aggressivität und Groll entstehen. Im Falle der Desintegration tauchen Verhaltensweisen des Typs 1 auf, die den „Enthusiasten" sehr starr und verbohrt wirken lassen können. Sein Ego nimmt mehr Raum ein und wird zum Ideal hochstilisiert. Über Kritik lässt er andere spüren, dass sie ihm gerade aus dem Weg gehen sollen, damit er sein Leben wieder zusammenflicken kann. Manchmal wählt er den Weg, bestimmten vorgegebenen Ideologien zu folgen und diese vehement zu verteidigen. Er möchte recht haben und kämpft auch dafür. Das eigene Selbstmitleid kann dazu führen, dass er seine Weltsicht vereinfachen möchte in Gut und Böse, Schwarz und Weiß, Richtig und Falsch, um wieder eine gewisse Ordnung herzustellen. Alle anderen sind schuld, dass es bei ihm nicht weitergeht, seine Wünsche nicht erfüllt werden.

Entwicklungschancen

Da „der Enthusiast" dazu neigt, mit den Gedanken immer schon mehrere Schritte voraus in der Zukunft zu sein, besteht seine Lernaufgabe darin, in den aktuellen Moment einzutauchen, achtsam zu sein. Nur im Hier und Jetzt kann er wahrnehmen, wie er oder andere sich gerade fühlen, was er oder andere brauchen und dass das Leben gerade jetzt passiert. Wenn er die ganze Zeit am Pläneschmieden ist, verpasst er nicht nur seine Zukunftschancen, sondern die Chance, die ihm das Leben aktuell bietet. Diese Integration bewirkt, dass er sich verbindlicher und verantwortlicher zeigt. Er integriert seine dunklen Gefühle und ist allgemein bereiter, sich zu binden. Für den „Enthusiasten" ist es an der Zeit, sich konstruktiv einer Kritik zu stellen, anstatt sie wegzulächeln oder sich charmant aus der Affäre zu ziehen. Im Jetzt zu leben, heißt auch, Entscheidungen zu treffen, auch wenn dies erst einmal eine Absage an mögliche weitere Optionen bedeutet. Vieles ist schon da, jetzt muss Typ 7 nur noch hinsehen. Dies führt dazu, dass sich sein Konsumverhalten dahingehend verändert, dass er keine Angst mehr davor hat, etwas nicht zu erleben oder nicht besitzen zu können. Die Oberflächlichkeit solcher Dinge wird ihm immer mehr bewusst. Nun kann „der Enthusiast" den Augenblick genießen, weil er sich auf das wirklich Wichtige im Leben konzentriert, anstatt all den Versuchungen hektisch hinterherzulaufen. Sein Glück entsteht im Inneren, nicht mehr durch äußere Einflüsse.

Enneagrammtyp 8 – der Herausfordernde

„Der Herausfordernde" ist ein ziemlich dominanter Typ des Enneagramms und dies aus gutem Grund: Niemand soll jemals die Kontrolle über ihn erlangen.

Allgemeine Beschreibung

Typ 8 hat einen sehr starken Willen und ist fest entschlossen, im Leben keine Kompromisse einzugehen. Das kann ihm nur dann gelingen, wenn er zu jeder Zeit die Kontrolle hat über sich selbst und andere. Seine Stärke und Energie treiben ihn permanent an, das Beste aus seinem Leben herauszuholen. Da er zwar selbst gerne kontrolliert, aber nicht kontrolliert werden möchte, ist es für ihn nicht einfach, seinen Platz in der Gesellschaft zu finden, da es immer Hierarchiesysteme gibt, denen er sich fügen muss. „Der Herausfordernde" kann daher zum typischen Aussteiger werden, der nur sein eigenes System akzeptiert und leben will. Das Letzte was er tun würde, wäre, sich anderen unterzuordnen. Emotionale Tiefe zuzulassen, stellt für ihn eine große Gefahr dar, denn er hat Angst, dadurch verraten zu werden. Seine sensible Seite zeigt „der Herausfordernde" lieber nicht, auch nicht gegenüber seinem Partner. Menschen, die ihm nahestehen und ihm wichtig sind, würde er mit allem verteidigen, was er hat. „Der Herausfordernde" ist leicht provozierbar und reagiert entsprechend zornig, wütend und aggressiv. Er mag es, seine Macht zu demonstrieren, was bisweilen sogar psychisch oder körperlich grausam sein kann. Typ 8 ist ein Grenzüberschreiter, der seine eigenen Grenzen kompromisslos verteidigt.

Folgende Sätze könnte ein „Herausfordernder" formulieren:

- ▶ Ich will unabhängig sein.
- ▶ Schwäche bei anderen stört mich.
- ▶ Ich habe eine harte Schale, aber einen weichen Kern.
- ▶ Mein Wille versetzt Berge.

- Ich mag Menschen nicht, die mir mit aufgesetzter Freundlichkeit kommen.
- Entscheidungen treffe ich schnell.
- Wenn mir etwas gegen den Strich geht, sage ich es auch.
- Ich erwarte, dass mir andere mit Respekt begegnen.
- Mir macht nichts so leicht Angst.
- Ich lebe ein intensives Leben.
- Gerechtigkeit ist mir wichtig.
- Ich verteidige alles, was mir heilig ist.
- Ich sehe es nicht ein, mich anzupassen, wenn ich keinen Sinn darin sehe.
- Regeln sind zum Brechen da.

Leidenschaft: Lust

„Der Herausfordernde" hatte bereits als Kind das Gefühl, das „schwarze Schaf" der Familie zu sein, und hat sich entsprechend abgehärtet. Die Grundleidenschaft Lust stachelt ihn dazu an, ein möglichst adrenalingeladenes Leben zu führen. Da er sich wenig mit seinem Innenleben auseinandersetzt, versucht er, die Lust vor allem durch Aktionen im Außen zu stillen. Dadurch verliert er immer mehr den Zugang zu seinen Gefühlen und kann regelrecht abstumpfen, seine eigenen und die der anderen nicht mehr spüren. Die Hauptleidenschaft Lust kann in ausufernden Fressorgien, exzessiven Streitgesprächen und kompromissloser Wunscherfüllung ausgelebt werden. Er braucht die Intensität dieser Situationen, um sich wirklich lebendig fühlen zu können, da seine wahren Gefühle unterdrückt werden. Eigentlich ist „der Herausfordernde" sehr verletzlich, doch er tut alles dafür, dass dieser Schmerz nicht entsteht. Sein Ziel ist es, so unempfindlich wie möglich auf all die Herausforderungen des Lebens zu reagieren. Egal, was es ist, „der Herausfordernde" wird immer erst einmal dagegen sein und sich selbst positionieren. Schwäche, Heuchelei, Abhängigkeit sind ihm ein großer Dorn im Auge, da sie die Leidenschaft Lust nicht verkörpern.

Instinktvarianten

„Der Herausfordernde" mit der Instinktvariante selbsterhaltend, will um jeden Preis seine Unabhängigkeit dadurch schützen, dass er sich materiell absichert. Daher braucht er Macht und Geld, um stets die Oberhand in dieser für ihn eher feindlich gesonnenen Welt zu behalten. Seinen materiellen Reichtum verteidigt er und er kann ein sehr unangenehmer Zeitgenosse werden, wenn er diesen durch andere bedroht sieht. Generell ist seine Frustrationstoleranz ziemlich niedrig.

Er arbeitet hart und viel, um sich ein für ihn sicheres und schönes Heim zu schaffen. Auch in seinen vier Wänden will er stets die Hosen anhaben. Typ 8 mit selbsterhaltender Instinktvariante versucht, seine Bedürfnisse so schnell wie möglich zu befriedigen, kann sie kaum aufschieben. Dabei geht er egoistisch und dominant vor. „Der Herausfordernde" ist ein Stehaufmännchen, das nichts und niemand so schnell aus der Bahn wirft. Kleinbeigeben oder Aufgeben existieren nicht in seinem Wortschatz. Die „Herausfordernden" sind Macher und gewiefte Geschäftsleute, die nicht viele Worte brauchen, um ihr Gegenüber zu überzeugen.

Haben sie den Fisch an der Angel, in ihrem Fall z. B. einen potenziellen Vertragspartner, lassen sie ihn nicht mehr los, bis der Vertrag zu ihren Gunsten zum Abschluss kommt. Sie strahlen einen starken Überlebenswillen aus, doch trotzdem haben sie im Stillen immer Angst, dass ihnen jemand das Erreichte wieder wegnehmen könnte. In der Gefühlswelt ist er weniger zu Hause, da sich bei dem selbsterhaltenden Typ 8 hauptsächlich alles um seine materielle und physische Existenz dreht – zum Leidwesen der Menschen, die mit ihm sein wollen, weil sie auch den weichen Kern in ihm sehen. Seine Liebe zeigt er dadurch, dass er die ihm wichtigen Menschen beschützt und absichert. Bei dieser Instinktvariante gibt sich „der Herausfordernde" pragmatisch, strategisch, tyrannisch, kontrollierend und gefühlskalt.

Typ 8 mit sexueller Instinktvariante ist besonders leidenschaftlich, emotional, abenteuerlustig, rebellisch und charismatisch. Bei dieser Instinktvariante hat „der Herausfordernde" am meisten Zugang zu seiner emotionalen Innenwelt. Auch er ist grundsätzlich sehr kontrollierend und provokant, weshalb es ihm sogar Freude bereitet, Regeln zu brechen, wenn sie nicht von ihm selbst kommen. Seine

Dominanz ist dem geschuldet, dass er stets die Kontrolle behalten möchte. Materieller Reichtum ist ihm nicht wichtig. Vielmehr möchte er Situationen und Menschen kontrollieren und besitzen. Dieser Typ 8 hat starke Empfindungen und kann diese geliebten Menschen gegenüber auch ausdrücken. In einem unreifen Stadium gilt dies jedoch auch für die Schattenseiten des „Herausfordernden", was bis hin zu psychischer oder physischer Gewalt reichen kann. Dann ist „der Herausfordernde" unberechenbar und folgt nur noch seinen Impulsen.

Besonders großzügig präsentiert sich „der Herausfordernde" mit sozialer Instinktvariante. Für Familie und Freunde ist er gerne bereit, Opfer zu erbringen, und setzt sich für sie ein, wo er kann. Dies macht er nicht, ohne eine Gegenleistung oder zumindest gleichen Einsatz zu erwarten. Wer einmal sein Vertrauen gewonnen hat, kann für immer auf ihn zählen. Doch wehe das Vertrauen wird missbraucht, dann existiert diese Freundschaft bis zum Lebensende nicht mehr für ihn. Er verbringt gerne Zeit mit seiner Familie und seinen Freunden, liebt Diskussionen mit ihnen, aber muss seine Energie dabei oft drosseln, um nicht über das Ziel hinauszuschießen. Typ 8 mit sozialer Instinktvariante kann seine Aggression und Wut bündeln und sie zum Schutz anderer einsetzen. Er möchte immer bei der Wahrheit bleiben und Unstimmigkeiten sofort klären. Der soziale Einfluss bringt den „Herausfordernden" dazu, sich auch einmal einzugestehen, wenn er einen Fehler gemacht hat, und sich dafür sogar zu entschuldigen. Er ist oft gebildet und weiß gut, wie man mit Worten umgeht. Doch wenn er Ablehnung spürt oder sich hintergangen fühlt, sieht auch dieser Typ 8 nur noch einen Ausweg: Angriff als Mittel der besten Verteidigung.

Flügel

"Der Herausfordernde" erstreckt seine Flügel zu Typ 7 ("der Enthusiast") und Typ 9 ("der Friedliebende").

Typ 8 mit Flügeltyp 7 besitzt besonders viel Durchsetzungskraft. Er wirkt locker, fröhlich, gesellig wie Typ 7 und reißt dominant wie Typ 8 die Aufmerksamkeit aller anderen an sich. In jeder Hinsicht ist er direkt und kommt ohne Umschweife auf den Punkt. Er spielt keine Rolle, sondern ist so wie er ist und erwartet entsprechenden Respekt für seine Person. "Der Herausfordernde" erfasst ziemlich schnell Situationen und möchte prompt in die Handlung kommen. Für lange Fachgespräche oder Pläne hat er keine Geduld. Sowieso macht er alles am liebsten selbstständig und ohne irgendwelche Abhängigkeiten zu anderen Personen oder Institutionen. Der Einfluss des "Enthusiasten" befähigt Typ 8 dazu, besonders motivierend und mitreißend zu wirken. Er schafft es, andere zu motivieren, ihre Ziele anzugehen und zu erreichen. Typ 8 mit Flügeltyp 7 ist risikobereit, auch in beruflicher Hinsicht. Seine Erfolge feiert er sicher nicht im Stillen und erreicht diese nicht selten dadurch, dass er lästige Konkurrenten aussticht. Er genießt die sinnlichen Freuden des Lebens und gibt gerne sein Geld dafür aus. Wenn ihm jedoch etwas gegen den Strich geht, kann er schnell manipulativ und egozentrisch werden.

Breitet "der Herausfordernde" seine Flügel eher in Richtung Typ 9, "dem Friedliebenden", aus, dämpft dieser seine explosive Art ein wenig. Seine Persönlichkeit zeigt sich weiterhin in seiner Aggressivität und Kontrollsucht, er kann sich aber selbst mehr zügeln. Insgesamt geht er es diplomatischer an, wenn er eine bestimmte

Sache erreichen möchte. Seine Frustrationstoleranz ist bei dieser Flügelvariante höher. Dadurch tritt er auch kooperativer und zurückhaltender auf. „Der Herausfordernde" möchte die Oberhand behalten und ordnet sich auch mit Flügeltyp 9 ungern unter, will sich dennoch keine Feinde schaffen oder sich auf Kosten anderer profilieren. Auch hier ist sein Beschützerinstinkt stark ausgeprägt. Typ 8 scheint in dieser Variante zwar introvertierter, aber unter der Fassade kann es mächtig brodeln. Es ist ihm nicht so ein großes Bedürfnis, sich in den Vordergrund zu stellen, um seine Macht ausleben zu können, sondern er agiert bei dieser Flügelvariante im Hintergrund. Trotzdem bleibt er immer auf der Lauer und beobachtet genau, was um ihn herum vorgeht.

Beziehungen

Da Typ 8 nicht gerne in Abhängigkeiten steckt, stellt auch eine Liebesbeziehung eine Herausforderung für ihn dar. Zwar wirkt er auf potenzielle Partner aufgrund seiner Stärke, seines Beschützertums und seiner Selbstsicherheit besonders anziehend, aber damit es etwas Ernstes wird, braucht er länger Zeit, um Vertrauen aufzubauen und zu verstehen, wie er mit seinem Gegenüber für ihn passend kooperieren kann. Auch in der Liebe möchte er die Führung übernehmen, um nicht Gefahr zu laufen, verletzt zu werden. Seine dominante, kontrollierende Seite kann hier zum Vorschein kommen. Trotzdem will er keinen Partner an seiner Seite, der sich seiner Dominanz unterwirft, sondern sich ebenfalls mit Profil zeigt und positioniert. Machtkämpfe können in solch einer Beziehung daher an der Tagesordnung stehen. Schwierig wird es mit Typ 8, wenn er seine Wut nicht zügeln kann. Erst wenn er es schafft, seine zarte Seite hervorscheinen zu lassen und diese als Stärke, nicht als Schwäche anzusehen, kann Typ 8 ein wundervoll stabilisierender, unterstützender und großzügiger Partner sein.

In beruflichen Beziehungen wünscht sich „der Herausfordernde" eine klare Hierarchie. Diese Struktur braucht er, um klar erkennen zu können, wie die Macht verteilt ist. Am liebsten steht er selbst an der Spitze dieser Führungspyramide. In seinem Beruf möchte er sich gefordert und gebraucht fühlen. Er schätzt es, über alle Schritte und Angelegenheiten sachlich informiert zu werden, denn unvorhergesehene Änderungen bringen ihn aus dem Konzept. Aufgrund seiner Cleverness und Angstfreiheit ist er bestens geeignet, um ein Team zu leiten und zum Erfolg zu führen.

Integration und Desintegration

„Der Herausfordernde" bewegt sich in Richtung Trostpunkt (Typ 2), wenn jemand den Zugang zu seinem Herzen gefunden hat. Dann kann er sich voller Vertrauen öffnen und seine sensible Seite ausleben. Er besitzt auf diesem Weg der Integration die Möglichkeit, andere Menschen empathischer spüren zu können und seine Stärke und Energie für sie einzusetzen. Immer mehr lernt er die Signale anderer zu deuten, die Sprache der Emotionen zu verstehen. Sein großes Herz darf sich zeigen und Mitgefühl fließen lassen. Er kann leichter verzeihen, die Position anderer besser verstehen und auch die eigenen Bedürfnisse genauer wahrnehmen. Mithilfe des Trostpunktes kanalisiert er seine Energie auf positive Weise, passt sich sogar an und schämt sich seiner weichen Seite nicht.

Macht und Einfluss sind dem „Herausfordernden" so wichtig, dass er sogar persönliche Beziehungen dafür hintenanstellt. Wenn er seinen Machttrieb nicht ausleben kann oder scheitert, sucht er den Stresspunkt bei Typ 5 auf. Dem vorangegangenen Voranpreschen folgt nun ein ohnmächtiger Rückzug. Er verliert sich in Gedanken und Grübeleien, die ihm neue Strategien bringen sollen, wie er doch wieder Oberwasser bekommen kann. Er sieht die Welt als einen gefährlichen Ort und beginnt sich wie Typ 5, zu verschließen und ruhig zu werden. Er hat Angst, dass jemand seine aktuelle Schwäche ausnutzen könnte. Er empfindet Schuldgefühle, wenn er merkt, dass er vielleicht doch im Unrecht war. Auf dem Weg der Desintegration kann „der Herausfordernde" Depressionen entwickeln oder seine ganze Wut und Aggression gegen sich selbst und andere richten.

Entwicklungschancen

Typ 8 nimmt seine Chance zur Entwicklung dann wahr, wenn er lernt, sich selbst und anderen mehr zu vertrauen. Nicht jeder da draußen ist rücksichtslos und gemein und möchte nur das Schlechte vom „Herausfordernden". Ein großer Punkt ist auch die Kontrolle der eigenen Energien, die nicht immer zum richtigen Zeitpunkt und in der passenden Intensität fließen. Es ist an der Zeit zu lernen, diese den gegebenen Situationen besser anzupassen. Ein weiterer wichtiger Schritt wird es für Enneagrammtyp 8 sein, die Rechthaberei und Dominanz zurückzuschrauben. Es gibt viele Wahrheiten, nicht nur die seine. Auch sind nicht immer alle anderen schuld an seinem Umstand. Manchmal bedarf es der eigenen Innenschau, wie die Wahrnehmung dahingehend und ob das Thema Schuld wirklich der springende Punkt ist. Wenn „der Herausfordernde" immer mehr seine eigene zarte Seite entdeckt und die auch zulassen kann, wird er sympathischer, nahbarer und umgänglicher für andere Menschen. Je mehr Mitgefühl er für andere entwickeln kann, desto mehr wird die Kluft zwischen ihm und der „bösen Welt" kleiner. Er holt sich seine kindliche Unschuld wieder zurück, die ihm in frühen Jahren zum Schutz abhandenkam.

Enneagrammtyp 9 – der Friedliebende

Der letzte Persönlichkeitstyp des Enneagramms ist „der Friedliebende", der sich am wohlsten fühlt, wenn alles in Harmonie ist. Doch ein Leben ganz ohne Konflikte gibt es auch für Typ 9 nicht.

Allgemeine Beschreibung

„Der Friedliebende", mit seiner sanften Art, genießt das Leben, wenn alles rund läuft. Doch in einer Welt mit so vielen unterschiedlichen Persönlichkeitstypen sind Konflikte und Probleme vorprogrammiert. Das führt dazu, dass er sich als eher introvertierter Mensch gerne zurückzieht. Dieser Rückzug kann das Leben an sich jedoch regelrecht vermeiden. Grundsätzlich hat „der Friedliebende" wenig soziale Kontakte und geht nicht so gerne unter Leute. Er gibt sich eher unauffällig, bescheiden, tolerant und liebenswürdig. Gegen eine Sache aufzubegehren, ist nicht so sein Ding. Allgemein fällt es ihm schwer, sich mit den unangenehmen Seiten seiner selbst und anderer auseinanderzusetzen. Daher sieht er in allem lieber nur das Gute und Schöne. Das ist sicherlich eine optimistische Grundhaltung, mit der er seinen Lebensweg beschreitet. Er träumt von einer heilen Welt und erfährt diese für sich am besten, wenn er in der Natur ist. Da er Konflikte so gut es geht vermeiden möchte, sind für ihn Veränderungen aller Art schwierig, da sie Schwierigkeiten hervorrufen könnten. „Der Friedliebende" kommt daher nur schwer bis gar nicht ins Handeln, um gegebene Situationen zu verändern. Manchmal sind solche Veränderungen jedoch nicht aufzuhalten und er merkt, dass es gar nicht so schlimm war und er durchaus anpassungsfähig ist. Typ 9 traut sich oft nicht viel zu, obwohl er zu viel mehr fähig wäre. Ärger und Wut schluckt er lieber runter, wo sie sich dann innerlich aufstauen und irgendwann doch geballt hervorbrechen wollen. Es macht den „Friedliebenden" besonders traurig, wenn andere Menschen ihn nicht wirklich wahrnehmen. Das führt manchmal dazu, dass er sich an andere Persönlichkeiten angleichen möchte.

Ein Enneagrammtyp 9 drückt sich gerne mit folgenden Aussagen aus:

- ▶ Meine Lebensphilosophie hilft mir dabei, ausgeglichen durchs Leben zu gehen.
- ▶ Ich möchte harmonische Beziehungen führen.
- ▶ Zu Hause mache ich es mir besonders gemütlich.
- ▶ Entscheidungen zu treffen, fällt mir nicht leicht.
- ▶ Der Klügere gibt nach, also lasse ich andere Meinungen gerne gelten.
- ▶ Ich kann nachvollziehen, warum andere so reagieren.
- ▶ Wenn ich in der Natur bin, kann ich ganz ich sein.
- ▶ Ich bin eher unparteiisch.

- Wenn ich mich nicht entscheiden kann, schließe ich mich den Entscheidungen anderer an.
- Der Weg des geringsten Widerstands ist meiner.
- Ich kann oft nicht verstehen, dass Menschen sich über gewisse Dinge so aufregen.
- Manchmal fehlt mir die Energie, um Sachen umzusetzen.
- Ich sage anderen nicht, dass mich etwas stört.
- Meine täglichen Routinen geben mir Sicherheit.
- Ich fokussiere mich lieber auf das Gute im Leben als auf das Schlechte.

Leidenschaft: Trägheit

Unter der Grundleidenschaft Trägheit bei Typ 9 ist nicht Faulheit zu verstehen. „Der Friedliebende" kann sehr fleißig sein in seinem Tun. Es ist eher eine Verweigerung, das Leben in seiner Gänze anzunehmen, hinzusehen und wirklich wichtige Dinge anzugehen. Oft sucht er lieber die Zerstreuung in unwichtigen Dingen und betäubt sich dadurch selbst. Für diese Selbstbetäubung wählt er Tätigkeiten, die seine Aufmerksamkeit zwar oberflächlich bündeln, aber nicht in der Tiefe. So verbringt er gerne Zeit vor dem Fernseher, dem Handy, vor Büchern, bei der Arbeit etc. All diese Ablenkungen wählt er aus, um sich nicht mit seinem Inneren, dem Lebendigen auseinandersetzen zu müssen. Dadurch drosselt er seine Energie, die er in die Welt geben könnte, und wählt immer den Weg des geringsten Widerstandes. Sich aufzulehnen, in Konflikte verwickelt zu sein oder seinen Standpunkt zu verteidigen, würde ihn zu viel Energie kosten. Die Lebenskraft, die ihm zur Verfügung steht, setzt er lieber für Nebensächlichkeiten ein, die gerade seine Aufmerksamkeit fordern. Allgemein fällt es ihm nicht leicht, Prioritäten zu setzen und Wichtiges von Unwichtigem zu unterscheiden. Er hat es sich in seinem Leben schön „eingerichtet", indem er seinen Ritualen folgt und so seinen Tag strukturiert, und davon möchte er bitte nicht abgehalten werden. Die Leidenschaft Trägheit zeigt sich auch in seinem Unvermögen, bestimmte Dinge loszulassen und mal richtig auszumisten, in seiner Wohnung, bei Beziehungen aber auch in seinem Inneren.

Instinktvarianten

Typ 9 mit selbsterhaltender Instinktvariante ist besonders gerne für sich allein, weil er dann all die Dinge machen kann, die ihm seinen Frieden lassen. Er muss sich gegenüber niemanden rechtfertigen oder anpassen. Ihm ist es wichtig, ein bequemes und unstressiges Leben zu führen. Viele Tätigkeiten wie Essen und Fernsehen helfen ihm dabei, sich zu beruhigen oder abzulenken. „Der Friedliebende" mit selbsterhaltender Instinktvariante ist vor allem in seinen Routinen zu Hause, denn das ist seine geliebte Komfortzone. Je weniger Stress, umso besser für ihn. Damit das so bleibt, erledigt er seine Aufgaben entsprechend langsam, zu ihm passenden Zeiten oder auch lange Zeit gar nicht. Es ist ihm durchaus möglich, sich für eine gewisse Zeitspanne dem Rhythmus anderer anzupassen, doch dies führt dazu, dass „der Friedliebende" gereizt sein kann. Schnell möchte er wieder in seinen für ihn passenden Alltag zurück. Gereiztheit, Wut oder Zorn lässt er sich nur selten anmerken. Aber auch das Gegenteil ist der Fall. Typ 9 geht nämlich nicht hausieren mit seinen Talenten, Tätigkeiten oder positiven Gefühlen. Das ist auch der Grund, warum andere Menschen ihn nicht wirklich wahrnehmen können oder ihn gar unterschätzen. Er möchte nicht, dass andere bestimmte Erwartungen an ihn haben, die er dann erfüllen müsste. Daher meidet er die Bühne des Lebens und macht sich selbst lieber kleiner, als er in Wirklichkeit ist. Das ärgert ihn zwar manchmal sogar selbst, aber seine Trägheit bringt ihn wieder an den Punkt zurück, dies durch nebensächliche Tätigkeiten zu betäuben. Das bedeutet nicht, dass der selbsterhaltende „Friedliebende" den ganzen langen Tag die Zeit totschlägt. Er beschäftigt sich mit vielen angenehmen Dingen, jedoch nicht mit den gerade für ihn eigentlich wichtigen.

„Der Friedliebende" mit sexueller Instinktvariante kann regelrecht mit einer anderen Person verschmelzen. Er ist glücklich, wenn seine Liebsten glücklich sind. Er baut intensive Bindungen z. B. zu seinem Haustier auf. Damit es seinen Lieblingsmenschen und -tieren gut geht, tut er alles für sie. „Der Friedliebende" läuft hier Gefahr, sich in Abhängigkeiten zu begeben und gar nicht mehr er selbst zu sein. Denn der Lebensmittelpunkt ist für ihn dann ein anderer Mensch, das Haustier, aber nicht mehr er selbst. Er spürt die Bedürfnisse des anderen so stark, dass er seine eigenen gar nicht mehr wahrnehmen kann. Aufgrund der sexuellen Instinktvariante zieht es ihn oft zu Personen, die besonders viel Energie haben, um seine eigene Trägheit überwinden zu können. Das Ich-Bewusstsein ist beim sexuell geprägten Typ 9 wenig aktiv. Er zeigt sich besonders sinnlich, sensibel, empathisch und anpassungsfähig. Dieser Persönlichkeitstyp sieht die Welt voller Wunder und hat eine ausgeprägte Vorstellungskraft. In kritischen Situationen neigt er dazu, anderen die Schuld dafür zu geben, dass die Dinge nicht so laufen, wie sie sollen. Seine Persönlichkeit ist für andere schwer greifbar, da er sich selbst wenig abgrenzt und sich seiner eigenen Prioritäten nicht klar ist. Dieser „Friedliebende" sucht im Außen nach Vereinigung, erkennt aber seine eigenen Leidenschaften nicht, die gelebt werden wollen. Die Grundleidenschaft Trägheit führt dazu, dass er Vergangenes, auch Beziehungen, nur schwer loslassen kann.

Typ 9 mit sozialer Instinktvariante identifiziert sich über die Zugehörigkeit zu bestimmten Gruppen. Dort möchte er sich mit Leib und Seele einbringen. Er verfügt über mehr energetische Ressourcen als die anderen Instinktvarianten, weshalb er gerne bei allen möglichen Aktivitäten der Gruppe dabei sein möchte. Dieser „Friedliebende" setzt sich gerne für das Wohl der Welt und andere Menschen ein, um seinen Beitrag für den Frieden zu leisten. Er ist ein warmherziger Mensch, der gerne den Kontakt zu anderen sucht, sich engagiert, sich fortbildet und auf der Suche nach dem Sinn des Lebens ist. Typ 9 mit sozialer Instinktvariante versorgt seine Gruppe gerne und hilft dabei, Streitigkeiten zu schlichten. Werden ihm soziale Disharmonien zu viel, wird er die Gruppe lieber verlassen, als sich diesen zu stellen. Er tendiert dazu, es allen recht machen zu wollen, was einerseits zur Folge hat, dass er seine eigene Persönlichkeit nicht weiterentwickelt, und andererseits, dass er bis an die Grenzen hin durch Arbeit belastet ist. Das Schlimmste für ihn ist, wenn er von seiner Gruppe nicht genügend wahrgenommen wird. Dann reagiert er bisweilen zornig, gereizt, bockig oder zieht sich zurück.

Flügel

„Der Friedliebende" streckt die Flügel in Richtung Enneagrammtyp 8 („der Herausfordernde") und Enneagrammtyp 1 („der Reformer") aus.

In der Flügelvariante zu Typ 8 kann er die Kraft und Ausdauer mit seiner besonnenen und harmonisierenden Art kombinieren. Es zeigt sich eine Diskrepanz bezüglich der eigenen Wut, diese ungeschönt auszuleben oder sie zu unterdrücken. So kann es sein, dass er durch Einfluss von Typ 8 fähig ist, seinem Zorn sichtbaren Ausdruck zu verleihen. In dieser Flügelvariante kann sich „der Friedliebende" besser durchsetzen, ist kontaktfreudiger, nimmt seine eigenen Bedürfnisse besser wahr und kümmert sich um wichtige Angelegenheiten. Anderen kann er hervorragend als Mediator bei Konflikten dienen. Dem „Friedliebenden" mit Flügeltyp 8 fällt es zwar nach wie vor leicht, sich unterzuordnen, aber er kann sich auch behaupten und mutig seine eigenen Wege gehen. Er ruht in sich selbst und kann daher sich, andere und Situationen so annehmen, wie sie sind. Oft verfügt er über viele Fähigkeiten, die er auslebt, ohne damit anzugeben. In einem unreifen Zustand kann man ihn nur aus der Fassung bringen, wenn man aktiv seinen Frieden stört. Kurze Wutausbrüche können geschehen, aber lange ist „der Friedliebende" nicht verstimmt und sucht schnell wieder die Versöhnung.

Typ 9 mit Flügelvariante zu Enneagrammtyp 1, „der Reformer", ist eher introvertiert, da er seine eigenen Gefühle unterdrückt, um den Frieden zu wahren. Gleiches macht „der Reformer", der kaum

Gefühle zulässt, um die Selbstkontrolle aufrechterhalten zu können. So zeigt sich „der Friedliebende" hier pragmatischer, weniger emotional und kontrollierter. Er interessiert sich vor allem für intellektuelle, spirituelle und philosophische Themen. Das Thema Gerechtigkeit beschäftigt ihn sehr und daher versucht er, so viele Zusammenhänge wie möglich zu verstehen, um eventuelle Ungerechtigkeiten aufdecken zu können. Eigentlich träumt er von einer idealen Welt, doch die Erkenntnis, dass die Realität oft nicht seinem Ideal entspricht, führt ihn in den enttäuschten Rückzug. Die perfektionistische Ader des „Reformers" bringt Typ 9 dazu, sich ebenfalls mehr Struktur im Leben durch äußere Ordnung zu verschaffen. Seine unparteiische Art macht ihn zu einem guten Zuhörer und Ratgeber, wofür er bei seinen Freunden sehr geschätzt wird. An seinen moralischen Überzeugungen hält er oft starr fest. Grundsätzlich wirkt er nachdenklich und kann sich bei Desintegration sehr in seine Idealvorstellungen zurückziehen. Er hat hohe ethische Ansprüche an sich selbst, weshalb es mit anderen Menschen, die diese Ansichten und Einstellungen nicht teilen, zu Diskussionen kommen kann.

Beziehungen

In Liebesbeziehungen ist „der Friedliebende" aufgrund seiner Bescheidenheit, Anpassungsfähigkeit und Unkompliziertheit eher unkompliziert. Er schraubt die eigenen Bedürfnisse jedoch so weit zurück, dass er sich dahingehend permanent dem Partner anschließt. Typ 9 nimmt die Wünsche seines Liebsten besonders deutlich wahr und verwechselt sie dann mit seinen eigenen. Für den Partner kann diese Harmonie zunächst wundervoll sein. Doch wenn „der Friedliebende" nach der ersten Verliebtheit wieder klarer wird und seine eigenen Begehren anklopfen, wünscht er sich, dass diese von seinem Gegenüber ebenso gespürt, angenommen und erfüllt werden.

Am liebsten wäre es ihm, sein Partner würde ihm die Wünsche von den Augen ablesen, weil es ihn ebenso glücklich macht. Doch da dieses Ratespiel nicht aufgehen kann, kommt es zu Enttäuschungen und damit zu innerlichem Groll. „Der Friedliebende" kann nicht verstehen, warum sich sein Gegenüber nicht genauso rücksichtsvoll verhält wie er. Dann beginnt die Phase des passiv-aggressiven Verhaltens, Trotzes, kleiner Wutausbrüche oder des Rückzugs. Seine Lernaufgabe besteht darin, von Anfang an auszudrücken zu lernen, was er vom anderen eigentlich erwartet oder möchte. Das kann auch bedeuten, dass er ab und zu einmal einen Beziehungskonflikt riskieren muss. Er darf sich selbst wichtig nehmen und damit aufhören, sich kleinzumachen und schmollend in die Ecke zu verziehen.

In beruflichen Beziehungen ist „der Friedliebende" ein wahrer Teamplayer. Seine Qualitäten kann er aber am besten zum Einsatz bringen, wenn ein entspanntes und wohlwollendes Klima vorherrscht. Leider kann es geschehen, dass er aufgrund seiner Gutmütigkeit und Bescheidenheit ausgenutzt wird, da ihm ein Nein, aus Angst vor Konflikten, nur schwer über die Lippen kommt. Seine Stärken liegen in seiner Empathie- und Vermittlungsfähigkeit. Es fällt ihm leicht, bei Konflikten Kompromisse auszuhandeln und wieder alle an einen Tisch zu holen. Daher fühlt er sich oft in beratenden und therapeutischen Berufen wohl.

Integration und Desintegration

Für den „Friedliebenden" ist es wichtig, sich auf dem Weg der Integration zu mehr Autonomie und Unabhängigkeit zu bewegen. Dafür muss er die Trägheit ablegen, um sein Ich-Bewusstsein, seine Identität, mehr zu offenbaren. Er befindet sich dann auf dem Weg zum Trostpunkt (Typ 3, „der Leistungsmensch"). Dort kann er lernen, wie er zielgerichteter und selbstbestimmter sein Leben gestalten kann. Er erkennt, dass er Situationen aktiv mitgestalten kann und es dafür wichtig ist, sein eigenes Licht nicht unter den Scheffel zu stellen. „Der Leistungsmensch" holt den „Friedliebenden" sozusagen aus seinem Rückzugsort heraus, puscht ihn und zeigt ihm, wie wichtig es ist, sich seines eigenen Wertes bewusst zu sein. Das macht Typ 9 zu einem authentischen und interessanten Menschen mit Profil. Der Weg der persönlichen Anpassung wird für ihn unattraktiv, da er spürt, dass Selbstachtung viel wertvoller ist. Schritt für Schritt gestaltet er sein Leben nach seinen Vorstellungen und lebt endlich „sein" Leben. Da der Fokus nun mehr auf ihn selbst gerichtet ist, können sich plötzlich ganz neue Talente auftun, derer er sich vorher nicht bewusst war, da er sich immer an den Wünschen anderer orientierte. Wichtig ist, dass „der Friedliebende" auf diesem Weg der Selbsterkenntnis merkt, dass es nicht egoistisch ist, seine eigenen Ziele zu verfolgen. Für Typ 9 kann die Integration ein wahres Erwachen aus einem Dornröschenschlaf darstellen, weil er sich endlich selbst kennenlernt. „Der Friedliebende" wird immer mehr zu sich selbst stehen und sich nicht mehr davor scheuen, selbst im Rampenlicht zu sein. Das Auftreten wird sicherer, energetischer und bestimmter. Er kommt in der Realität an und flüchtet sich nicht mehr in Träumereien und Luftschlösser.

„Der Friedliebende" befindet sich auf seinem Stresspunkt (Typ 6, „der Loyale"), wenn er ungewollten Verpflichtungen oder Streitigkeiten nicht mehr aus dem Weg gehen kann und das Anpassen und Beschwichtigen nicht mehr helfen. Da er jetzt seine Grenze überschreiten muss, kann ihn diese Angst zunächst regelrecht lähmen. Der Zwang, in eine Handlung kommen zu müssen, ist für ihn fast unerträglich. Der sonst so in sich ruhende „Friedliebende" wird ängstlich, orientierungslos und panisch. Er macht sich Sorgen, spielt alle möglichen Szenarien in seinem Kopf durch und erwartet das Schlimmste. Sein Selbstwertgefühl leidet sehr unter dieser Situation. In diesen Stressphasen braucht er ganz besonders den Rückhalt seiner Familie und Freunde. Er hat Angst, dass er seinen Frieden nicht mehr zurückbekommt, und hofft, dass all der Beistand und die guten Ratschläge ihn schnell wieder dahin zurückführen. Problematisch wird es, wenn sich „der Friedliebende" in der Hoffnung auf Rettung abhängig von Personen macht, die keine guten Absichten hegen.

Entwicklungschancen

„Der Friedliebende" darf in seinem Leben lernen, dass alle Menschen gleich viel wert sind und auch er besonders wichtig ist mit all seinen Taten und Gedanken. Er kann seiner permanenten Anpassung entfliehen und ganz er selbst sein. Mit der Zeit wird er spüren, dass er Wertschätzung von anderen Menschen für sein wahres Ich genauso erhält wie zuvor in der angepassten Variante. Er gewinnt mehr Vertrauen in die eigenen Fähigkeiten und ist sich derer auch bewusst. Dabei erkennt er, dass es weder egoistisch noch arrogant ist, sich seines Wertes bewusst zu sein, ihn zu bewahren und nach außen zu tragen. Es wird auf seinem Entwicklungsweg ebenfalls wichtig sein, die eigenen Bedürfnisse besser wahrnehmen und benennen zu können. Die eigene Passivität und Antriebslosigkeit weichen einem bestimmten und selbstbewussten Handeln. Es ist nicht mehr seine Hauptaufgabe, die Wünsche und Erwartungen anderer zu bedienen, sondern vor allem sich selbst zu entwickeln und für sich selbst einzustehen. Das kann bedeuten, die eigene Position auf konstruktive Weise durchzusetzen und Konfliktsituationen nicht mehr zu scheuen. Jetzt kann er seine Meinung standfest vertreten, gleichzeitig andere Meinungen akzeptieren und diese mit Interesse und Neugierde betrachten, gegebenenfalls integrieren. Die Energie darf in seine eigene Selbstentwicklung fließen und ihn zu jenem Diamanten schleifen, der er in Wirklichkeit ist.

Emotionale Intelligenz – Ausbildung der Empathiefähigkeit mithilfe des Enneagramms

Nachdem du nun alle neun Persönlichkeitstypen des Enneagramms kennengelernt hast, konntest du vielleicht bereits klar erkennen, welchem Typ du entsprichst, oder hast den ein oder anderen Menschen, den du kennst, darin sehen können. Wie wollen dir die Informationen über die einzelnen Enneagrammtypen nun in deinem Leben dienen? Ab dem Zeitpunkt, wenn du auf diese Erde kommst, bist du damit beschäftigt, täglich etwas Neues zu lernen, um dadurch die Welt zu verstehen. Den meisten ist das Lernen auf kognitive Art aus der Schule bekannt, um die eigene Intelligenz auszubilden. Wenn es jedoch darum geht zu verstehen, wie andere Menschen so „ticken", bedarf es weiterer Intelligenzen, wie u. a. der emotionalen Intelligenz. Sie hilft, Gefühle und Beweggründe anderer Menschen besser deuten zu können.

Die emotionale Intelligenz zeigt sich durch:

- ▶ erkennen und akzeptieren der eigenen Emotionen
- ▶ verstehen des eigenen Antriebs und daraus folgendem Verhalten
- ▶ bewusstes Steuern eigener Emotionen
- ▶ über Emotionen reflektieren können
- ▶ Anpassung des Verhaltens entsprechend der Situation
- ▶ Beruhigung der eigenen Emotionen
- ▶ Emotionen für gezielte Taten nutzen
- ▶ Kontrolle impulsiver Handlungen
- ▶ Empathiefähigkeit: Emotionen/Gefühle anderer erkennen und korrekt einschätzen können (Mimik, Gestik, Handlung etc.)
- ▶ eigene Handlungen entsprechend der Emotionen anderer anpassen
- ▶ Wissen über die Zusammenhänge der Emotionen besitzen
- ▶ Emotionen analysieren können
- ▶ Wissen darüber, wie man Gefühle/Emotionen anderer beeinflussen kann

Man kann hierbei zwischen Gefühl und Emotion unterscheiden. Ein Gefühl ist eine unmittelbare Wahrnehmung, z. B. „Ich fühle mich geborgen". Gefühle sind notwendig, damit wir uns zwischenmenschlich verständigen können, denn sie sind bei allen Menschen sehr ähnlich. Emotionen hingegen entspringen dem, was wir fühlen, und werden beeinflusst durch unser Denken. So können unsere Gedanken, Erwartungen und Wünsche aus einem Gefühl eine Emotion machen, es dadurch „werten" und eine entsprechende Handlung nach sich ziehen, die bei jedem Menschen unterschiedlich sein kann, denn jede Person projiziert andere Voraussetzungen auf sein wahrgenommenes Gefühl. Die Kraft der Gedanken kann sehr entscheidend sein, welche Emotionen entstehen. Die Fähigkeit des Menschen, Gefühle wahrzunehmen, kann nämlich nicht unterscheiden, ob diese Wahrnehmung jetzt gerade real ist oder nur in unserer Vorstellung geschieht. Emotionen sind daher das Ergebnis einer sehr individuellen Einschätzung eines Gefühls, weshalb sie bei Menschen so unterschiedlich ausfallen können.

Die Auseinandersetzung mit dem Enneagramm hilft bereits, diese Wahrnehmung von Emotionen in ihrer Differenziertheit zu schulen. Die Beschäftigung mit den einzelnen Enneagrammtypen kann dir bereits geholfen haben, deine emotionale Intelligenz weiter auszubilden. Denn jeder sieht die Welt aus einer anderen Perspektive und wenn du versuchst, diese Perspektiven einzunehmen und dich von deiner eigenen zu lösen, entsteht Empathie und somit ein großer Beitrag zu einem friedlichen Zusammenleben – Einheit in Verschiedenheit.

Das Enneagramm hat dir erklärt, welche Mechanismen bei den einzelnen Persönlichkeitstypen greifen, um mit einer bestimmten Situation umgehen zu können. Auch hast du erfahren, dass eigentlich alle Menschen versuchen, durch ihr Verhalten, tieferliegende Gefühle zu beruhigen oder gar zu verdrängen. Diese Kompensationsstrategien sind von Typ zu Typ verschieden und doch wendet jeder Mensch sie an. Das Repertoire ist unterschiedlich, aber das Motiv bei allen gleich: die Angst vor dem Spüren „negativer" Gefühle.

Das Enneagramm zur Unterstützung im Umgang mit anderen

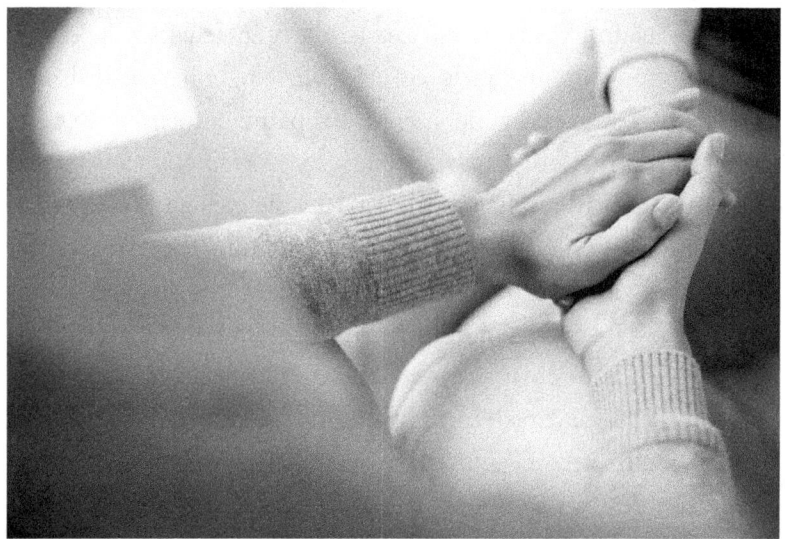

Damit dein Wissen um das Enneagramm nicht rein theoretisch bleibt, kannst du damit beginnen, dein soziales Umfeld genauer zu analysieren und gefühlsmäßig in die „Fußstapfen" anderer zu treten. Vielleicht findest du einen „Enneagrammpartner", mit dem du dich über die verschiedenen Sichtweisen offen austauschen kannst. Du musst die Menschen dabei nicht exakt ihrem Persönlichkeitstypen zuordnen, versuche vielmehr, sie auf Basis deines Wissens um das Enneagramm einzuschätzen, so gut es dir gelingt, und passe dein Handeln und Sprechen so an, dass sie die Ängste und Kompensationsstrategien des Gegenübers abmildern. Reflektiere darüber, was sich dadurch verändert hat. Deine Wahrnehmung wird sich mit der Zeit immer mehr verfeinern und schärfen und deine emotionale Intelligenz sich entwickeln.

Es geht nicht darum, andere in eine gewisse „Schublade" des Enneagramms zu stecken. Wie du schon erkennen konntest, sind alle Persönlichkeitstypen durch ihre Flügel, Trost- und Stresspunkte miteinander verwoben. Durch all diese Wechselwirkungen und gegenseitigen Beeinflussungen ist jeder Mensch in seinem emotionalen Ausdruck einzigartig. Letztendlich entscheidet die eigene Wahrnehmung darüber, wie ein Mensch eingeordnet wird, und diese lässt sich durch zunehmende Empathie enorm verfeinern. Es geht nicht mehr darum, stur seine eigene Meinung zu vertreten oder möglichst Menschen zu finden, die die gleiche Meinung haben, sondern darum, unterschiedliche Meinungen verstehen und akzeptieren zu können. Wenn du das Prinzip des Enneagramms verstanden hast und es dir in deinem täglichen Umgang mit Menschen zur Hilfe nimmst, wirst du merken, dass es viele Wahrheiten gibt und keine davon den Anspruch auf die eine richtige Wahrheit erheben kann. Das Recht-haben-Wollen ist letztendlich ein Konstrukt des eigenen Egos. Wenn du einen Schritt zurücktrittst, kannst du für die Blickwinkel der anderen flexibler werden. Deine eigenen Vorstellungen können dabei als Bezugspunkt bleiben, um dich selbst positionieren zu können, doch die Bedrohung, die du eventuell durch die Meinungen und Wertevorstellungen anderer empfunden hast, verschwindet.

Mit der Zeit und Übung wirst du Menschen besser beobachten und „lesen" können. Jeder sendet spezielle Signale aus, die es dir ermöglichen, dir ein umfangreicheres Bild über diese Person zu verschaffen. Dadurch gewinnst du mehr Selbstsicherheit in deinem eigenen Handeln. Klar ist, dass du durch die umfangreiche

Erkenntnis des anderen die Möglichkeit besitzt, diesen entsprechend beeinflussen zu können. Bitte mache dir bewusst, welche Verantwortung das nach sich zieht. Letztendlich will man das, damit man selbst besser mit einem anderen Menschen in zwischenmenschlichen Situationen klarkommt oder eigene Wünsche und Erwartungen erfüllt werden. Deine erlangte Menschenkenntnis und Ausbildung emotionaler Intelligenz sollten daher immer mit Respekt und Wertschätzung dem anderen gegenüber eingesetzt werden.

Um sich wirklich auf einen Menschen einlassen zu können, ist es wichtig, dass du ihn im Moment betrachtest, unvoreingenommen und losgelöst von deinen Erwartungen. Entdecke ihn immer wieder aufs Neue, als hättest du ihn vorher nie gekannt. Sei neugierig, zugewandt und konzentriert auf das, was dir dein Gegenüber zeigen möchte. Du beobachtest neutral, wertfrei und lässt den Gedanken los, dass du einen Menschen wirklich jemals komplett verstehen könntest. Das ist nicht das Ziel und auch kaum möglich, da jeder Einzelne ein wandelnder Prozess und kein Endergebnis ist.

Nachdem du deine volle Aufmerksamkeit auf einen Menschen gerichtet hast, beobachte erst einmal die oberflächlichen Signale wie Mimik, Gestik, Körperhaltung, Kleidung, Positionierung im Raum etc. Dieses äußerliche Erscheinungsbild kann dir bereits dazu verhelfen, eine Einschätzung seiner Persönlichkeit im Gefüge des Enneagramms zu geben. Du kannst dir innerlich folgende Fragen stellen:

- ▶ Handelt es sich um einen eher extrovertierten oder introvertierten Menschen?
- ▶ Stimmen Körperhaltung und Art der Kommunikation überein?

- ▶ Fühlt sich der persönliche Ausdruck dieses Menschen natürlich oder gespielt an?
- ▶ Ist dein Gegenüber entspannt oder angespannt?

Im zweiten Schritt kannst du dich auf die Art und Weise der Kommunikation fokussieren:

- ▶ Mit wie viel Konzentration, Leidenschaft und Energie spricht dein Gegenüber mit dir?
- ▶ Wie unterscheidet sich seine Sprache in einer Gruppe im Vergleich zu einem Einzelgespräch?
- ▶ Ist diese Person eher ein Kopf-, Herz- oder Bauchtyp?
- ▶ Spricht dein Gegenüber mit Bedacht oder eher intuitiv?
- ▶ Blockt der Mensch Fragen mit Gegenfragen ab?
- ▶ Stehen Mimik und Gestik im Einklang mit seiner Kommunikation?
- ▶ Fühlt sich das Gesprochene wahr an?
- ▶ Drückt die Person seine Gefühle und Emotionen im Gesprochenen aus?
- ▶ Welches Selbstbewusstsein zeigt sich in der Stimmlage und Festigkeit der Stimme?
- ▶ Werden eher relativierende Wörter (z. B. vielleicht, es könnte sein) oder bestätigende Wörter (z. B. man muss, das Beste ist) verwendet?

Als aufmerksamer Beobachter des Menschen und der Situation im Hier und Jetzt wirst du viele neue Erfahrungen machen, die dir in sozialen Situationen weiterhelfen können. Nicht zuletzt dann, wenn es sich um schwierige handelt und es darum geht, Konflikte zu klären. Das Wissen um das Enneagramm kann dir dabei helfen, die einzelnen Konfliktstrategien der Persönlichkeitstypen herauszufinden und entsprechend darauf zu reagieren. Wenn unterschiedliche Vorstellungen aufeinandertreffen, kann es zu Diskussionen kommen, die schließlich darauf abzielen, recht zu behalten und das eigene Ego durchzusetzen, mit dem man sich identifiziert. Das Ego bildet sich also aus den verschiedenen Charaktereigenschaften, Erfahrungen der Vergangenheit, Wertevorstellungen und erreichtem Status. Es verhilft dem Menschen, sich selbst besser verstehen und einordnen zu können, anstatt das Gefühl zu haben, nicht zu wissen, wer man eigentlich ist. Um andere verstehen zu können, ist es jedoch wichtig, flexibel zu sein und von dieser Identifikation etwas Abstand zu nehmen. Denn es ist das Ego, das sich verteidigen möchte, und dadurch entstehen Konflikte. Wenn du es schaffst, dem anderen mehr Raum zu geben, um seinen Standpunkt darstellen zu können, und dir auch selbst diesen Raum auf respektvolle Art nimmst, können Konflikte schneller entschärft werden.

Folgende Tipps können dir helfen, auf Basis deiner Kenntnisse über die Persönlichkeitstypen Streitsituationen zu meistern:

- ▶ Beobachte dein eigenes Verhalten in der Konfliktsituation.
- ▶ Analysiere das zugrundeliegende Problem aus verschiedenen Perspektiven.
- ▶ Widerstehe einer schnellen Reaktion und nimm dir die Zeit, dir dein Handeln zu überlegen.
- ▶ Kannst du bestimmte Verhaltensmuster bei dir oder deinem Gegenüber erkennen?
- ▶ Bleibe flexibel und nimm die Position eines neugierigen Beobachters ein.
- ▶ Interessiere dich für die Belange, Bedürfnisse, Argumente und Emotionen deines Gegenübers.
- ▶ Signalisiere der Person dein Entgegenkommen in der Form, dass dich ihre Sichtweise interessiert.
- ▶ Gib nicht einfach nach, nur um den Frieden wiederherzustellen. Es geht darum, einen Konsens oder gegenseitige Toleranz zu finden.

- Vielleicht braucht der andere mehr Zeit als du, gib sie ihm.
- Versuche, den Menschen aufgrund deines Wissens über die Persönlichkeitstypen des Enneagramms einzuschätzen, aber bewahre dir die Demut davor, dass es sich nicht um gesichertes Wissen handeln kann.
- Finde den Ursprung des Konflikts heraus.
- Betrachte dich selbst und dein Gegenüber so wertfrei wie möglich.
- Nur im offenen Dialog können beide Parteien darlegen, was sie wirklich innerlich beschäftigt.
- Teile deine Bedürfnisse mit. Versuche, dabei so sachlich wie möglich zu bleiben.
- Versuche, Konflikte so schnell wie möglich anzugehen, sie nicht zu lange zu vertagen.
- Bereite dich aktiv auf solche Gespräche vor.
- Zeige, dass du die Ängste des anderen ernst nimmst, anstatt Vorwürfe zu machen.
- Gehe ruhig auf den anderen zu und stelle sicher, dass keine unterschwellige Aggression zugrunde liegt.

Welcher Persönlichkeitstyp bist du?

Hast du durch die intensive Beschäftigung mit dem Enneagramm bereits ein Gespür dafür bekommen, welcher Persönlichkeitstyp du sein könntest? Wie bereits dargelegt, können wir verschiedene Anteile der Enneagrammpersönlichkeiten in uns finden. Wir entwickeln uns aber immer von einem bestimmten Grundtyp aus weiter und versuchen mit der Zeit und durch verschiedene Erfahrungen die Welt auch aus anderen Perspektiven zu betrachten und neue Strategien zu entwickeln. Wir nehmen in verschiedenen Situationen unterschiedliche Persönlichkeiten an, spielen eine gewisse Rolle, die in diesem Moment aus unserer Sicht passender erscheint. Um deinen Grundtyp herauszufinden, hast du verschiedene Möglichkeiten:

Studiere dich selbst

Hast du während deines Studiums der unterschiedlichen Enneagrammtypen wahrgenommen, dass es dich unterschiedlich emotional berührt hat? Deine Resonanzen aufgrund von Emotionen können Hinweise sein. Sich selbst einzuschätzen, ist gar nicht so einfach, denn wie uns das Enneagramm zeigt, sind Menschen Meister darin, sich auch selbst zu betrügen und Strategien zu entwickeln, die Wahrheit nicht sehen zu müssen. Es kann also sein, dass sogenannte blinde Flecken bestehen bleiben, die du vielleicht gerade nicht sehen willst. Das Selbststudium ist eine wichtige Angelegenheit auf dem Weg zur Integration und Ausbildung einer emotionalen Intelligenz und sollte daher unbedingt Bestandteil deiner Reise durch das Enneagramm sein. Wenn du allerdings merkst, dass du unsicher bist und deine Entscheidungsinstanzen Kopf, Herz und Bauch noch nicht im Einklang sind, was deine Bestimmung des Enneagrammtyps betrifft, solltest du weitere Möglichkeiten in Betracht ziehen, um diesen herausfinden zu können. Nur so kannst du davon profitieren, die wichtigsten Erkenntnisse für dich und dein Zusammenleben mit anderen Menschen zu erhalten.

Onlinetest zur Bestimmung des Enneagrammtyps

Im Internet wirst du verschiedene Angebote für Onlinetests finden, die dir die persönliche Analyse deines Typs versprechen. Prüfe jedoch ausführlich, ob du mit der Qualität dieses Tests zufrieden bist. Viele davon sind kostenlos und in wenigen Minuten durchgeführt. Andere benötigen längere Zeit und erheben Gebühren dafür. Da es sich um standardisierte Fragestellungen handelt, können deine persönlichen Umstände und Fragestellungen nicht berücksichtigt werden. Solch ein Onlinetest kann dich auf jeden Fall dabei unterstützen, deinen Grundtyp herauszufinden, sollte aber eher als Eingrenzung, Einschätzung und Ergänzung betrachtet werden.

Typdiagnostisches Enneagramminterview

Es gibt geschulte Enneagrammlehrer, die dir in Form eines Interviews Unterstützung geben können, deinen Persönlichkeitstyp herauszufinden. Sie wurden entsprechend dafür geschult und zertifiziert, um dir fachmännisch zur Seite zu stehen. Auch in diesem Enneagramminterview werden dir spezielle Fragen gestellt und deine Antworten ausgewertet. Jedoch berücksichtigt der Lehrer auch, welche Körpersprache, Mimik und Gestik du dabei einsetzt. Im Verlauf des Gesprächs kann er ebenfalls bestimmte sprachliche und nonverbale Muster erkennen und deine private, berufliche und kulturelle Situation in die Bestimmung miteinfließen lassen. Außerdem hast du die Möglichkeit, ganz konkret deine aktuelle Situation und Befindlichkeit miteinzubringen und Fragen zu stellen. Der Enneagrammlehrer wird auf Basis des Interviews eine Einschätzung deines Enneagrammtyps abgeben und diese auch begründen. Letztendlich geht es darum, dass er dich dabei unterstützen möchte, dass du selbst zu einer Erkenntnis gelangst. Deine Resonanz auf die Einschätzung ist daher ein wichtiger Indikator. Dieses Verfahren ist natürlich mit etwas höheren Kosten verbunden als ein kostenpflichtiger Onlinetest.

Enneagrammseminar

Wenn du dich besonders intensiv mit dem Enneagramm und deiner Typbestimmung beschäftigen möchtest, eignet sich besonders gut, ein entsprechendes Seminar zu besuchen, das sich über mehrere Tage erstreckt. Hier lernst du dich selbst anhand verschiedener Übungen besser kennen und einzuschätzen. Je nach Qualität des Seminars, kann dies eine sehr vertiefende und nachhaltige Auseinandersetzung mit dir selbst werden. Es kann auch hilfreich sein, sich innerhalb einer Gruppe über die Thematik auszutauschen und sich gegenseitig zu helfen, sich genauer im „Spiegel" des anderen zu betrachten. Auch wirst du dadurch konkret erfahren, wie sich andere Persönlichkeitstypen zeigen und wie sie die Welt aus ihrer Perspektive betrachten. Du lernst dabei, dich selbst und andere stärker zu reflektieren, und gewinnst mehr Selbstbewusstsein für deine Einschätzungen.

Schlusswort

Du hast dich auf das Enneagramm eingelassen als Möglichkeit, verschiedene Persönlichkeitstypen kennenzulernen und zu erkennen, dass Menschen die Welt zwar durch unterschiedliche Brillen betrachten, jedoch alle eins verbindet: das Bedürfnis danach, wahrgenommen, angenommen und geliebt zu werden, so wie man ist.

Das Enneagramm zeigt, dass wir dafür zu unserer authentischsten Version finden sollten, damit wir in erster Instanz uns selbst annehmen und lieben können. Dafür braucht es den Weg der Selbstwahrnehmung und Selbstreflexion. Dieses jahrtausendealte Konstrukt des Enneagramms hat an seiner Aktualität nie verloren. Es ist nur menschlich, dass wir uns als Individuen sehen möchten und trotzdem mit anderen verbunden sein wollen. Dass sich dies nicht gegenseitig ausschließen muss, möchte das Enneagramm vermitteln, indem es dazu verhilft, die eigene emotionale Intelligenz zu entdecken und weiterzuentwickeln.

Wie du erkannt hast, sind wir als Charaktere alle miteinander vernetzt, und die unterschiedlichen Kombinationen der persönlichen Aspekte zeigen auf, dass es unendlich viele Subtypen der Persönlichkeiten gibt, die sich in unserer Menschenfamilie zeigen wollen. Vielleicht hast du jetzt Lust bekommen und bist motiviert, die Basisinformationen über das Enneagramm noch weiter zu vertiefen und in deiner Alltagsrealität zu erforschen.

Eins steht fest: Wenn du die Informationen des Enneagramms in dein Leben zu integrieren beginnst, wirst du dich selbst und andere besser verstehen können. Du wirst empathischer, nachsichtiger, verständnisvoller und wertschätzender für die vielen unterschiedlichen Wahrnehmungsmöglichkeiten. Weil du an dir und deiner emotionalen Intelligenz arbeitest, kannst du einen positiven und wesentlichen Anteil dazu beitragen, dass sich Menschen gegenseitig besser verstehen und friedlicher zusammenleben können.

Quellen und weiterführende Literatur

Becker, M. (2018). *Enneagramm Typen-Test.* Claudius.

Chestnut, B. (2013). *The Complete Enneagram: 27 Paths to Greater Self-Knowledge.* She Writes Press.

Chestnut, B., & Paes, U. (2021). *The Enneagram Guide to Waking Up: Find Your Path, Face Your Shadow, Discover Your True Self.* Hampton Roads Publishing.

Cron, I. M., & Stabile, S. (2016). *The Road Back to You: An Enneagram Journey to Self-Discovery.* IVP Books.

Cron, I. M., & Stabile, S. (2021). *Wer du bist: Mit dem Enneagramm sich selbst und andere besser verstehen.* Gerth Medien.

Daniels, D., & Price, V. (2009). *The Essential Enneagram: The Definitive Personality Test and Self-Discovery Guide.* HarperOne.

Enneagramm. (2021). Wikipedia. https://de.wikipedia.org/wiki/Enneagramm

Gallen, M., & Neidhardt, H. (1994). *Das Enneagramm unsere Beziehungen. Verwicklungen, Wechselwirkungen, Entwicklungen.* Rowohlt Taschenbuch.

Georges I. Gurdjieff. (2021). Wikipedia. https://de.wikipedia.org/wiki/Georges_I._Gurdjieff

Gilber, N. (2020). *Enneagramm: Wie Sie mit Hilfe der 9 Persönlichkeitstypen Ihre Emotionale Intelligenz stärken, Menschen lesen lernen & Konflikte im Umgang mit . . . (Persönlichkeitsentwicklung).* Independently published.

Grapengeter, S. (2020). *Enneagramm für Anfänger: Entdecke auf 9 Wegen deine verborgenen Ressourcen und Potenziale | inkl. Anleitung zur Selbst- und Fremdanalyse und 10-Schritte-Selbstoptimierungsplan.* Independently published.

Howorka, E. *Die neun Typen im Überblick.* enneagrammcoach.at. https://www.enneagrammcoach.at/de/enneagramm/typen-im-ueberblick-2/

Jakob, R., & Jakob, S. *Das Enneagramm – Geschichte, Theorie, Anwendungsfelder.* Enneagramm.Ch. https://enneagramm.ch/wp-content/uploads/das_enneagramm_geschichte.pdf

Jaxon-Bear, E. (2003). *Das spirituelle Enneagramm.* Goldmann Verlag.

Labudde, G. (2017). *Enneagramm: 9 Chancen, sich selbst und andere besser zu verstehen.* Gräfe und Unzer Verlag.

Müller, A. *Enneagramm Typen verstehen und aus ihnen lernen.* Greator. https://greator.com/enneagramm-typen/

Oscar Ichazo. (2021). Wikipedia. https://de.wikipedia.org/wiki/Oscar_Ichazo

Pompe, X. *Wie kann ich meinen Enneagrammtyp herausfinden? – Möglichkeiten – Vorteile – Nachteile.* Treffpunkt Enneagramm. https://www.treffpunkt-enneagramm.de/wie-finde-ich-meinen-enneagrammtyp-moeglichkeiten-vorteile-nachteile/

Poulet, R. (2016). *„Gefühl" und „Emotion": Wo liegt der Unterschied?* jameda.de. https://www.jameda.de/gesundheit/psyche-nerven/unterschied-zwischen-gefuehl-und-emotion/

Riso, D. R., & Hudson, R. (2000). *Die Weisheit des Enneagrams. Entdecken Sie Ihren inneren Reichtum.* Goldmann Verlag.

Rohr, R., & Ebert, A. (2019). *Das Enneagramm: Die 9 Gesichter der Seele.* Claudius.

Skarics, M. (2020). *Enneagramm und Hochsensibilität.* Franzius Verlag GmbH.

Stabile, S. (2019). *Du und die anderen: Mit dem Enneagramm auf dem Weg zu gelingenden Beziehungen.* Adeo.

Wagele, E., & Baron, R. (1994). *The Enneagram Made Easy: Discover the 9 Types of People.* HarperSanFrancisco.

www.ingramcontent.com/pod-product-compliance
Lightning Source LLC
Chambersburg PA
CBHW071243070526
44583CB00017B/2303